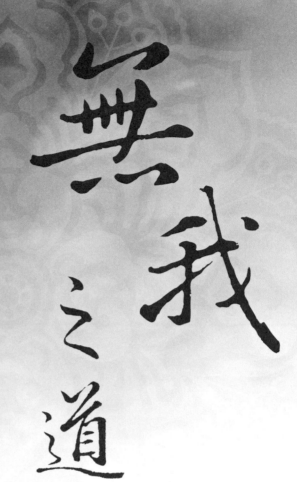

四期教育

【阿含期進階】 主題課程

無我之道

靈鷲山四期教育教材編審會◎監製

上 師 的 教 言

————————◆————————

　　我把成佛之道，根據佛陀一生歷程，分為四個階段教程：阿含期、般若期、法華期、華嚴期。我以這四期教育來培養人才，從在家居士到出家人都是一個主軸來貫穿，就很圓滿，可以攝宗歸教、三乘合一。不只是一宗一派，是整體佛陀的教育，這是我最重要的願力。這個教育願力的最大特色，是走實修路線，也要入世，基本上就是修行弘法的不二路線。

　　四期教育就是禪的四期教育，四期法教是思緒的系統，四期禪是實踐的系統。四期法教搭配四期禪的實踐，也就是釋迦佛證悟的全貌。

靈鷲山佛教教團　開山和尚

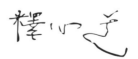

四期教育修學內涵與實踐藍圖

　　四期教育是以禪為貫穿的的四期教育，因此，在修學內容上分成建立思緒知見系統的「四期法教」和具體實踐的「四期禪」。

　　法教系統分成阿含、般若、法華、華嚴四期，在實踐系統上也開出了阿含禪、般若禪、法華禪、華嚴禪作為對應。兩者構成四期教育的全部內涵。禪的根本在心，四期教育的修持是以四無量心作為修學實踐的前行發心，從阿含期的出離心開始，到般若期的解脫心、法華期的菩提心，最後會歸到華嚴期的法界心，通過上師的教導而和上師、佛、眾生乃至法界一切的心相應，以心印心、緣起無盡，最終達至心、佛、眾生三無差別的法界實相。

一、阿含期——奠立學佛的良好根基

　　阿含期教育，以建立修學佛法的「解」、「行」基礎為主要目的。課程安排扣緊實修脈絡，培養穩固正見，令學員在生活中建立良善的行為軌則與生命方向，了解「工作即修行，生活即福田」，累積成佛資糧，修習禪修，

安定身心，去除煩惱，增長智慧。

學習內容上，以佛陀對生命的探究與教導為依止，深入了解以「四聖諦」、「十二因緣」、「五蘊無我」為核心開展的生命教育，並將義理之學習，導向實踐，配合「阿含禪」之引導，以整套「三十七道品」修持導向解脫的止、觀之學，在生活中實踐、體悟佛法，親自證知解脫清涼的生命。

二、般若期——空性智慧的培養

阿含期的教導幫助我們過著符合佛法的生活來建立完整的人格、僧格，並且以止觀修行來收攝心念，了悟苦、無常、無我的基本佛法洞見。而般若期則是在阿含期的基礎上，引導大眾進入佛法的核心部分，也就是真正佛法智慧的開顯。

般若穿透一切、超越一切，不會如阿含思想只停留在自利部分，般若是自利利他，「人我」是空，「法我」也空，因為真正般若空性透徹一切法而無任何障礙，這是佛法的核心關鍵。

因此，般若期的重點是以般若思想為主，讓大眾明白不可執著於還不究竟的小乘涅槃境界，應該以般若的「空亦復空」、「無所有、不可得、畢竟空」、「緣起性空」等為智慧眼，而真正的「空」必須透過「禪」才能夠達到，因此，「般若禪」即是通過禪修實踐讓空性智慧能夠開顯而獲得自在。心道法師推行平安禪法的用意即在透過禪的實踐，回到心的原點，來開顯、引發般若智慧，由禪發慧、由慧顯禪，以觀照般若穿透生命中的一切人、事、物，讓生命自在無礙，以成就智慧人生，並由此貫通一切佛法。

三、法華期——菩提心願力的遍滿實踐

經過阿含期的人格養成以及般若期的智慧洗滌，把我們的心性工作弄好，法華期便有充足的資糧發起菩提心大願。成佛真正的原因，在於菩提心的生起與實踐，發起「上求佛道、下化眾生」的成佛種子，會三乘法歸於一佛乘。在《法華經》中，凡是能發心者，佛陀即給予「受未來能成佛的記莂」。這即是以般若波羅蜜為眼，前五度波羅蜜為足，從「性空緣起」出發，發起大菩提心來廣度一切有情眾生。因此，法華期的實踐重點，即

是以堅固不退、遍滿無礙的菩提心願力，運用一切善巧方便、廣結善緣，持續不斷地行菩薩道來廣度眾生。

　　願力奉獻是成就福氣人生的關鍵，發菩提心大願能與法界的善能量感召，形成「生命服務生命，生命奉獻生命」的善緣連結，而「法華禪」就是要通過禪修的修持來鞏固菩提心不讓它退失，所以是願力的禪。亦即以空性智慧為基礎，悲智雙運，以四無量心的實踐來落實無盡利他的菩薩事業，幫助每一個需要幫助的眾生，連結生生世世的福德善緣，則能生生世世享有福氣人生，並且最終達致圓滿成佛。

四、華嚴期——圓滿成就、多元共生的生命共同體

　　華嚴是圓滿佛果的呈現，佛陀圓滿證果成道後，於《華嚴經》展現的教法，是在入法界的深度和廣度之中，讓在場菩薩眾都了悟「信解行證」的修學次第，並經由「普賢十大願」入於究竟之一真法界的佛國境地。因此，華嚴期是從心出發，透過多元和諧精神的領會，在自身生命內圓融阿含、般若、法華的踐履，轉凡成聖，開顯一即一切、一切即一的生命共同體精神，落實「尊重每

一個信仰,包容每一個族群,博愛每一個生命」的理念,
進行跨領域、跨宗教、跨文化的遍滿實踐,向佛國境界
的理想邁進,以達成和諧人生、圓融無礙、圓滿無盡的
的華嚴生命理境。

所以,在華嚴期的教導上,心道法師引領大眾弟子
發普賢願心,行普賢願行,並效法善財童子遍滿參學的
精神,拉開視野,多元學習,一同進入華嚴多元和諧、
相依共存、和平共融的佛國淨土。而相對應的「華嚴禪」
的目的,就是讓這份發心不斷地延續、發散,鞏固自己
的慈悲,全力培養成佛種子,成就佛國世界。

結語——實踐四期教育走在成佛的大道上

四期教育的修學,就是佛陀法教的內涵,是生命
教育實踐的方法,也是我們證悟生命實相的成佛教育。
　　　　　　　　　　　　　　　　　　——心道法師

四期教育不僅是個人修持的實踐,也是菩提心善緣
的連結,並由此串起教育、組織、弘法的關係,除了構
成靈鷲山總本山的全部內涵,也是籌建生命和平大學、

圓滿生命和平大學習的核心關鍵。

　　從人的具體生命、生活出發，由內到外、從迷轉悟，由個人而群體，關懷一切有情生命，呼應全球化時代的多元共生、和諧共存，並延伸成多元和諧、相互依存的大圓滿整全生命的實踐，不但體現完整的佛法教育，更是圓滿究竟的成佛之道。而這些，都是為了圓滿「傳承諸佛法，利益一切眾」、實踐「愛與和平地球家」這一使命願景的具體實踐。

　　所以，我們要努力實踐、傳承和推廣四期教育，從自己出發並推及到身邊的人，讓人人都能通過四期教育的引導而走在成佛大道上。

　　　　　　　　　　——靈鷲山四期教育教材編審會

目錄

第一章　佛陀的無我之教

學習目標

• 明白為何要學習「無我」。
• 概要理解「無我」的內涵。

一、人間教導無我

出生皇室，貴為太子的悉達多，雖歷經享樂的皇宮生活，卻以四門出遊，深刻覺察生命之苦，決心出家修行。歷經苦修與種種磨練，終以中道行克服魔障，在菩提樹下證悟緣起實相，成為覺者佛陀。

隨著梵天勸請說法，佛陀跋山涉水，為在人間敲響「不死之大鼓」，對著一同修習苦行的五位苦行僧教導了《初轉法輪經》，開演了「離兩端」、「行中道」、「四聖諦」、「八正道」之教。

當佛陀講述完此經，五位苦行者中的憍陳如尊者，便快速地明白了佛陀的教導，於五人中最先證得初果—須陀洹果，[1] 並受具足戒，成為比丘。

1　「須陀洹」是音譯詞，意思是「入流」——入於聖者之流。為解脫道四果第一，所以也稱「初果」。

隨後，佛陀以智慧觀察，依據其餘四位弟子的修行狀況，具足善巧且細心地教導他們。透過這樣的因材施教，配合五人在生活上的互助，很快地，婆沙波尊者、跋提耶尊者、摩訶那摩尊者以及阿說示四位尊者，也隨著憍陳如的腳步證入初果，成為比丘。

　　佛陀的解脫教導，並未隨著五比丘先後證得初果就打住。這是因為：儘管五比丘已經斷除了粗重的煩惱，入於聖者之流，並且不會再投生人、天之外的惡趣，但是他們仍受到細微的「渴愛」與「慢」煩惱所繫縛，而無法徹底地脫離輪迴。

　　為了幫助五比丘盡除這些微細的煩惱，佛陀於是藉由人間宣說的第二部經典——《無我相經》，教導五比丘「無我」的智慧。透過這樣的學習，五比丘紛紛獲得阿羅漢的聖果，徹底地斷除一切煩惱，永離生死輪迴。

二、無我的智慧

　　雖然過去各類外道的修道者，也有和佛陀一樣教導「無常」與「苦」的，但是從未有教導「無我」道理的老師出現。

比起無我，「有我」的道理似乎更容易為人所接受與理解。這是因為佛陀所證悟的無我，非常地深刻，並不容易了解。為了要能夠通達無我，值得先來認識一般所謂的「我」是什麼意思。

（一）「我」不就是「我」嗎？

日常生活中，人們往往把「我」當成再自然不過的事情——「我」在早上起床、「我」在吃早點、「我」在開車、「我」在上班。睡了一覺後，同樣的一個「我」，又再次地起床準備做某些事情。

因為這些日常生活的經驗，一般人往往認為，儘管「我的」外表、身份、職業等等都在變化，但總是有一個恆常的「我」，潛藏在種種的變動之下，是「我」在度過這一輩子的各種時刻。

這個「我」，似乎也是一個能夠主宰事情的「主人」：是「我」在決定著「我」每天的行動、選擇及想法，也是「我」在指揮著「我的」身體，進行每天的日常活動。

一般人往往認為這些想法，是再簡單不過的常識了。

（二）　把什麼作為「我」？

雖然一般人都認為有我，但是佛陀卻鼓勵好好地去檢視，究竟有什麼東西，可以稱得上是「我」呢？到底什麼叫做「自己」呢？

我們可以從一則佛陀教化年輕人的故事當中，得到啟發。

一次，佛陀在某座森林中的樹下靜坐。林中，正好有著一群年輕人，各自攜帶著伴侶遊樂。

其中，有一位男子因為沒有人陪伴，便找了一位妓女同行，好和人群一同嬉戲。不料，這名妓女卻在大家耽於玩樂時，趁機竊取了男子的財物。等到男子發現財物遺失時，女子早已消失無蹤。

年輕人們知道此事後，便在樹林中奔走，想幫助他們的友人找到女子。就在此時，這群人看到了遠方在樹下靜坐的佛陀。

他們於是上前提問：「世尊，您是否有見到一位女子經過此處呢？」

「年輕人們，你們為何要尋找這名女子呢？」佛陀

反問。這群年輕人於是一五一十地，將男子遺失財物的經過告訴佛陀。

佛陀聽完後，並沒有直接地回答他們的問題，反而問之：「年輕人們，你們覺得是找這名女子重要，還是尋找自己重要呢？」

「我們認為尋找自己比較重要。」年輕人們回答。

聽到他們的回答後，佛陀說：「如果是這樣的話，你們不妨坐下，讓我來為你們說法。」

這群年輕人對佛陀敬禮後，坐於一旁。佛陀於是為這群年輕人依著次第，講述了布施、持戒、生天的法教，佛陀也開示了貪著欲樂的過患，並教導唯有出離輪迴，才是真正的快樂。由於佛陀的諄諄教誨，這群年輕人紛紛獲得了清淨法眼，脫離疑惑與猶豫，立願隨佛出家，為盡除於苦而精進修行。[2]

佛陀以「尋找自己」，引領這群年輕人進入佛法的學習，使他們對致力追求的事物反省。這趟「自我探索」，有別於一般的「找自己」或「做自己」，而要學習者收攝外散心念，致力於觀照身心。

2　參《犍度·大品》(CBETA, N03, no. 2, p. 32, a4-p. 33, a6 // PTS. Vin. 1. 23 - PTS. Vin. 1. 24) 及《四分律·受戒犍度》(CBETA, T22, no. 1428, p. 793, a21-b15)

不妨趁這樣的機會，和這批佛陀的弟子一同認真思考：究竟「自己」是什麼呢？是身份與地位呢？還是財富呢？是身體的部份嗎？是感受嗎？是想法嗎？還是其他事物呢？

不論暫且找到了什麼樣的答案，這個找出來的「我」，真的在任何情況下，都不會變化嗎？再來，如果是「我」在主宰、指揮著「我的」身心，為什麼年老、生病的時候，身體或心情卻往往不能順「我」的意，聽「我」的話呢？

如果能仔細地思考這些問題，恐怕過去常識中認定的「我就是我」，也不再那樣地理所當然了。

心｜道｜法｜語

人們必得先看清楚「我」到底是什麼，當明瞭了「我」是什麼之後，才能把「我」放下，才能真正體會「無我」的快樂。

歷來，所有對於生命感到好奇的哲學家或修行者，在關於「我」這個主題上的探究，投注了非常多的心力。佛陀時代的各類修行者們也不例外，紛紛就著他們的修行體驗來觀察並提出了各種關於「我」的理論。

　　其中，認為「確實有個能主宰、不變的我」這類的見解，便稱為「我見」。如某些精於禪修的外道修行者，雖然有著不同於凡人的觀照力，而不會認為粗重的身體是「我」，但由於經驗了深度禪定中的微妙境界，以為終於找到了那潛藏的「自我」，而執取不放。

　　佛陀細細地檢視了這種種關於「我」的理論，發現這些見解，其實都仍有侷限，而不是生命的實相。佛陀教導，凡是抱持著我見者，其實都是對於「五蘊」看不清楚，而在五蘊之上產生了執取而來的。

（三）為何要學無我？

　　「無我」的教導，在經典中也作「非我」。借用這樣的概念，佛陀要教導眾生：生命的實相，並非是用「我」這樣的概念所可以把握的。

　　眾生總是習慣了執取五蘊為「我」，不斷努力地讓「我」更美麗、更受讚譽，在這當中來尋求人生的快樂

與目的。但是佛陀卻發現，身心五蘊仍是由種種因緣推動、支撐，而不斷隨著因緣生滅而變化，是「無常」的。對著無常的身心不論怎麼追求，終究只導向失望而已。這即是佛陀對「苦諦」細微的教導，也是為什麼「五取蘊苦」，可以作為人間種種苦的總攝。

由此，可以明白對於「無我」的探究，並不是在概念上討論、思惟而已。這股對五蘊執取，想要保護與擴張「我」的力量，正是「集諦」教導的苦因—「渴愛」。渴愛，也衍生到被認為是「我的」事物上：如「我的」身體、「我的」房子、「我的」親人等等。

在這樣的慣性中，一旦「我」、「我的」發生變化或受到損害，悲傷、惱怒或各式各樣的煩惱，也就跟著生起了。如對欲望的貪求、對他人的瞋恨、嫉妒、輕蔑、懊悔，其實都離不開對「我」的渴愛與執取。可以說正是我見，使得以上各種人我的對立與煩惱，有了立足之處。

想一想

　　説某物是「我的」，是什麼意思？

如果對五蘊的執取，最終只能為眾生帶來失望與苦，還適合繼續將其看成恆常不變、能主宰的「我」嗎？而如果「我」是不實在的，又真有什麼事物是屬於「我的」呢？

　　執持著「我」，不只造成眾生現世的問題；這股希望「我」持續存在的力量，也會導致眾生不斷地執取後續的生命，進而一再投生輪迴。這種堅實的「我」、「我的」的感覺，是由「無明」遮蔽所導致的。由於對無我的道理不清楚，眾生便不斷地以渴愛追求、執取後有的生命，也就得遭受無量生、老、病、死等輪迴大苦的逼迫。

　　佛陀教導無我，為的就是要破除眾生的無明，放下這些對「我」、「我的」的渴愛與執取，真正地斷脫生死之苦。

心｜道｜法｜語

　　如果你常常觀照到一切無「我」，那就沒有人受苦、沒有人去輪迴，沒有人去生死；如果你常常有「我」，你就會有「我」的痛苦、「我」的煩惱、「我」的快樂、「我」的不如意。

不過，要真正地像佛陀一般，親身地認識、證悟無我的道理，是非常不容易的。佛陀在經典中也曾經譬喻：如實地知見四聖諦、無我的道理，比將一根細毛再拆分成許多部份，並且讓神箭手在遠處瞄準，一一精準地以箭貫穿，還要困難。

　　因此，無我的學習，仍需回歸到踏實地修持「道諦」為基礎──以具足緣起智慧的「中道」為依歸，在生活中持守戒定慧具足的「八正道」，開發出如實觀看「緣起」與「四聖諦」的無我智慧，也就可以熄滅一切由「我」而起的妄想、煩惱，而真正證得「滅諦」的涅槃。

三、總結

　　對於身心的「無明」與「渴愛」，使得眾生總以「我」為出發點看待事物，甚至因為習慣了這樣的觀看方式，連執取著什麼為「我」，這個「我」是否造成許多困苦，都不一定有機會能靜心反省。

　　無法如實觀照五蘊，而生起了粗重的或是細微的我見，都是眾生此世困苦，長夜輪迴的關鍵。可以說在解脫的學習中，如何透過聽聞、思惟並且實修，來認清與

破除有我的見解，進而消弭對我的渴愛與執取，是修習佛法，脫離生死的轉捩點。

佛典中記載，某次佛陀登上名為「三十三天」的天界，為天人們以及過世的母親——摩耶夫人——說法後，即將返回人間。

當時人間的僧俗二眾弟子們，都一心希望佛陀能夠早日回到人間，繼續教導正法。因此，當大眾得知佛陀即將返回的消息，無不希望能最先迎接與禮拜佛陀。

尊者須菩提，原先也準備前往迎接佛陀，但才剛踏出一步，便暗自思惟：「雖然說要迎接佛陀，但是到底哪個部份才是佛陀呢？」尊者須菩提，進一步想起了佛陀教導的偈頌：

若欲禮佛者，及諸最勝者，陰持入諸種，皆悉觀無常。
曩昔過去佛，及以當來者，如今現在佛，此皆悉無常。
若欲禮佛者，過去及當來，說於現在中，當觀於空法。
若欲禮佛者，過去及當來，現在及諸佛，當計於無我。[3]

隨著如此憶念佛陀的教法，須菩提便打消了隨眾人前去迎接佛陀的念頭。

---

3 《增壹阿含經‧36 品‧第 5 經》(CBETA, T02, no. 125, p. 707, c20-27)

儘管須菩提並沒有透過色身去迎接、禮拜佛陀，在此之後，仍為佛陀譽為最先迎接、禮拜他的弟子。這都是因為須菩提通達了禮佛的深刻涵義：深刻地觀照空與無我。

心｜道｜法｜語

　　每一個人都有保護自我的本能，但當我們過度保護自我的時候，就會阻礙學習、無法謙卑。因此，我們要以謙卑的心來學習，才能真正有收穫，否則，當您心懷貢高我慢，拒絕接觸與學習時，縱使有修行深厚的上師就在眼前，也是枉然。愈謙虛，越具有學習的能量，也可以避免自己樹立起一個封閉的自我。佛教中的禮拜，拜的是什麼？其實，五體投地的禮拜是要人們學習謙卑，唯有謙卑，人們才會放下「我」。

　　期許我們也能如此，用如實、不執取的智慧觀看身心，與佛陀、五比丘等聖者一樣，放下我愛、我慢，成為煩惱永盡的聖者「阿羅漢」。

◆ 觀察和記錄自己和身邊的人，哪些時候
　會使用「我」這個字？

◆ 我通常如何「自我介紹」？

學習筆記 Note

第二章　生命的重擔

學習目標

- 認識「五蘊」，明白為何「五取蘊」是重擔。
- 培養「無我」智慧，對治煩惱。

一、重擔：五取蘊

在「五蘊」上執取，伴隨著煩惱的身心運作，稱為「五取蘊」，也譯作「五受陰」，是眾生一切我執的根源，也是引生後續輪迴生死的關鍵。

五蘊由因緣所成，隨著因緣變動而生滅變化，是為無常。由於五蘊都是無常的，如果想要在其中緊緊地抓住什麼，確立堅實的我，只會導致苦而已。

如果五蘊實際上是生滅無常、變易不已，並且引領至苦的，如何能夠作為恆常不變、主宰的「我」呢？偏偏，眾生往往把無常、苦、無我的五蘊，看成恆常、快樂、是我的，結果一輩子就如奴僕服侍主人般，在服侍五取蘊中度過。因此，佛陀也用「重擔」這樣的形象來譬喻五取蘊。而使眾生辛苦地扛著重擔，卻又難以放手的原因，則是渴愛。

經典中，更用一條被拴在柱子上的狗作為譬喻：當這條被綁住的狗想要移動時，只能順著柱子打轉；當休息、躺臥時，牠也都無法離開繩子與柱子的束縛。眾生便像這樣，被渴愛繫縛在虛妄的自我上，為之操煩不已，並追求著後續的再生，長夜輪迴生死，不得出離。[4]

> **想一想**
>
> 　日常生活中，為了維護這個「我」，有哪些事情要做？

　　幸好，我們可以透過佛陀的教導，培養解脫的智慧來斷除渴愛，捨下重擔。如實地觀照到無常、苦、無我這「三相」或「三共相」，則是證得解脫智慧的關鍵。三相的智慧，彼此緊密交涉，層層推進，當中又以無常的觀照，最為重要。

　　為了能夠逐漸地放下重擔，需要先來認識佛陀教導的五蘊。

4　《雜阿含經・第 267 經》(CBETA, T02, no. 99, p. 69, c3-10)
　　眾生於無始生死，無明所蓋，愛結所繫，長夜輪迴生死，不知苦際。諸比丘！譬如狗繩繫著柱，結繫不斷故，順柱而轉，若住、若臥，不離於柱。如是凡愚眾生，於色不離貪欲、不離愛、不離念、不離渴、輪迴於色，隨色轉，若住、若臥，不離於色。如是受、想、行、識，隨受、想、行、識轉，若住、若臥不離於識。

二、五蘊

蘊，具有「積聚」的意思。五蘊分別是：色蘊、受蘊、想蘊、行蘊、識蘊。佛陀帶出五蘊的分析與教導，是為了讓眾生如實地觀照身心運作，明白所執著不放的「我」只是虛妄不實的。

（一） 色蘊－「物質」的積聚

色的意思，近似於當代所謂的物質。可以粗略地分為外在環境的「外色」，與眾生生命的物質層面「內色」。

五蘊中的「色蘊」，主要聚焦在後者，也就是物質身體的部份。這個身體由四大元素－「地、水、火、風」，以及四大元素和合而成的物質構成，由適當的食物、滋養物支撐，才能夠良好地運作。

四大元素，各自象徵著構成物質的不同性質。它們以各自的特性，交織形成眾生的色身：地界具有堅固的性質，以牙齒、骨骼等物質為代表；水界具有濕潤的性質，以唾液、血液等體液為代表；火界具有熱、煖的性質，以體溫或消化作用為代表；風界具有動的性質，以呼吸、身體內各處氣的流動為代表。

（二） 受蘊－「感受」的積聚

受，指感官接觸外境時產生的感受。如聽見了美好的音聲感到喜悅，或是嚐到苦澀的食物，感到難受。

感受，有屬於生理層面的，也有屬於心理層面的，若要仔細地探究起來，可是十分地微細與多樣。因此，佛陀在經典中對於「受」的介紹，往往也伴隨著不同的講法對象及說法因緣，而有多樣的教導與分類方式。

經典中常見的，有三受、五受或者一受的教導。三受，分別為「苦受」、「樂受」與「不苦不樂受」；五受，進一步區分了身與心的感受，使眾生更細緻地認識感受。包括了身的「樂受」、身的「苦受」、心的「喜受」、心的「憂受」，與身心皆不苦不樂，或不喜不憂的「捨受」這五類。

最後，如四法印中的「一切行苦」或「諸受皆苦」，佛陀也收攝各式各樣的感受，終究都是無樂可得，而歸於苦。只要還在世間打轉，眾生就得不斷地面對苦苦、壞苦以及行苦的逼迫。

> 知諸行無常，皆是變易法，
> 故說受悉苦，正覺之所知。[5]

---

5 《雜阿含經・第 473 經》(CBETA, T02, no. 99, p. 121, a12-14)

受的生滅變化，是相當快速的。明明前一刻還在感受強烈的樂，下一瞬間，卻可能轉而生起苦受。時時觀察受的這種特性，能夠幫助體認苦的境況，也就是無常、不圓滿與不得滿足。如此，有助於發起出離心，也能慢慢地遠離對受的執取。

（三）想蘊－「概念認知」的積聚

想，指感官接觸外境時，以概念來認知對象。

藉由想，眾生得以辨認事物。比方說，看到了眼前的球狀物體，進而以其某些特徵，如「這是一顆球」來稱呼、認知它。或者，想也可以意味著，用既有的概念，來辨認眼前這個有四根支柱的物體為「桌子」。因此，也可以用「標記」的動作來認識想。

祖師曾以一個譬喻解釋：想，有如木匠在木材上作記號，以便他在工作的時候，可以辨認每塊木頭的種類、用途，而不會搞混。

（四）行蘊－「意志」的積聚

行蘊，指眾生各式各樣意志的積聚。

當感官接觸外境之後，內心會生起許多反應，進而

產生想要行動的動力。譬如說,當在餐桌上看到了喜愛的食物,內心生起想要去取用的念頭;聽到了不舒服的噪音,想要摀起耳朵;在路上看見了不喜歡的人迎面走來,想要避開等等。

在經典中,使用「思」這個字,來解釋這種內心的驅力,也就是「意志」。如同前段所舉的各種例子:順著感官經驗,內心便生起了思。而思,又能夠進一步地推動眾生實際的行為。因此,佛陀也教導思是眾生造業最主要的因素。各式各樣的思之積聚,便統稱為「行蘊」。

(五)識蘊－「分別知覺」的積聚

眾生賴以認識外境的感官有六:眼、耳、鼻、舌、身、意,稱為六根。六根對著外境的色、聲、香、味、觸、法,也就是六塵或六境進行了知、了別,而有「六識」,如此分別地來對事物知覺,便是識蘊的主要特色與功用。

透過識,眾生經驗到「這裡有一個東西」、「那裡有一個東西」。如此的分別知覺,促生眾生相關的受、想與行,也就是前面介紹過的各種感受、概念認知與意志。

一連串的識,其實總在變化、生滅之流,但是正因

為生滅的速度太過快速，所以難為一般人所覺察、分明。
也因此，眾生往往把其實是生滅變化、無常的識，當成
恆常的「我」。

為此，佛陀也曾教導，比起把色蘊當成我，對於識
蘊的執取，更難被覺察與放下。這是因為由四大和合的
色身比起識蘊，更容易觀察到其消長與變動。

雖然以上略述了五蘊的涵義，仍需謹記在心的是：
眾生實際的身心運作，並非僅用文字，就能完整地通達
與把握。佛典中，有一位比丘那先，曾經如此讚嘆佛陀
的教導：要能清楚地將眾生的心態運作，這麼細緻地分
析與教導，可比嚐一口海水，便能明白當中的哪些水來
自恆河，哪些水又來自於別的河流，還要困難得多。[6]

（六） 五蘊的譬喻

關於五蘊，佛陀也經常運用一組譬喻來教導：
觀色如聚沫，受如水上泡，
想如春時燄，諸行如芭蕉，
諸識法如幻，日種姓尊說。[7]

---

6 《彌蘭王問經》(CBETA, N63, no. 31, p. 161, a12-p. 162, a9 // PTS. Mil. 126)
7 《雜阿含經‧第 265 經》(CBETA, T02, no. 99, p. 69, a19-21)

這組譬喻，巧妙地對應著五蘊的內涵，以及眾生身心的實相，值得仔細學習，並反覆地思惟、觀照。

「色如聚沫」，指色身就如同漂流在恆河上聚集的泡沫。這樣聚集成堆的泡沫，雖然短時間之內可以維持一定的樣貌，但是很快就會消散或破滅。

四大組成的色身，有著各式各樣的器官、組織。無論如何，在其中都找不到不會壞滅的部份。只要維繫色身運作的因緣不具足的時候，無論是多麼美好、健壯的身體，也將如同水沫破滅一般地消散。

「受如水上泡」，指感受就如同下雨時，雨滴打在水面上所形成的水泡。這種水泡，一起一滅，轉瞬即逝，就像苦的感受、樂的感受、不苦不樂的感受，伴隨著感官接收刺激而生起，但隨著刺激消失，又將很快地滅去，無法持久不變。

「想如春時燄」，指的是春末夏初的時候，因為氣候的因素，容易產生的「海市蜃樓」的現象。

春時燄，也譯作「陽燄」。當天氣晴朗、日光強烈的時候，經由光線折射的原理，使人們產生了錯覺，以為本屬它處的事物，就真真實實地處在眼前。如在沙漠

中看見湖泊，或以為海面上出現了樓房與城市。

這個譬喻，很巧妙地陳述了想的特性：當運用既有的概念來認知事物的時候，往往武斷地認為事物就是我們所認定的那個樣子。雖然想可以幫助快速地將事物分類，但是一不留心，可能就變成了以刻板印象來認定事物了。

譬如：只用少數特徵，就判定「這是好人」、「那是壞人」、「這是優秀的」、「那是卑劣的」。只需貼上一個標籤、概念，便藉以認定對象必定如此、永久如此，無法改變。這種觀看的方式，不僅遠離了實相，往往也帶來許多煩惱和痛苦。

就像是成語「杯弓蛇影」的典故中，那位將酒杯中角弓的倒影，看作為蛇的客人，為此而生了一場大病。但隨著明白到杯中根本沒有蛇，立刻心開意解，身體也跟著康復了。

「諸行如芭蕉」，指行蘊或「思」，就如同芭蕉樹一樣，雖然有著看起來堅實、像是樹幹的部份，其中卻是空心的。這看似堅實的部份，其實是種「假莖」，由層層的葉鞘交疊組成。如果將葉鞘剝去，將會發現其中毫無堅實的樹幹，或可用的木材。

芭蕉樹的這種特性，很適合用來譬喻行蘊：一方面，意志如同層層的葉鞘，由眾多因素交織形成；另一方面，由這些因素形成的意志中，並找不到一個像是樹幹的我在其中，來負責指揮行為。

「**諸識法如幻**」，指識蘊就像是魔術師表演幻術一樣，變化出了一個個彷彿真實存在的事物。但事實上，這些看來不可思議、彷彿真實存在的事物，不過是因緣幻化而成。之所以將其視為真實的，只不過是因為對於當中的機制不清楚罷了。

這就像是當運用感官在認識、分別、了別事物的時候，「識」區分了一個個的事物，覺得真實有個東西存在那裡——這不正是魔術師最拿手的把戲嗎？

心｜道｜法｜語

◆

「如幻」是什麼東西呢？大家喜不喜歡看魔術師表演？苦就是「幻」；這些世間的「無常」就是幻。「魔術師變出東西來，一下變鳥，一下變什麼，好厲害！怎麼一下就變一個東西出來？到底是真的假的？」他變的都是假的，可是我們

對財、權、名、利卻用生命去拼，拼得你死我活，就是看不透、放不下，去爭、去鬥，讓生命產生了痛苦。所以雖然「如幻」，我們還是做了；雖然是「如幻」，我們真的痛苦、痛哭流涕。

這些譬喻，既巧妙地對應了五蘊的特性，也說明五蘊的不堅固、不實在，因此並非是我。缺乏這樣的認識，只會帶來困苦而已。因此，佛陀在經典中，也用「如病」、「如癰」來譬喻五蘊，在在都提醒我們，應當正視對五蘊執取不放的危害。

三、執取五蘊的過患

（一）執取色蘊的過患

對五蘊缺乏覺照時，很容易就會覺得五蘊是我，或是我擁有的。這當中，又以對色蘊的執取最為顯而易見。舉例來說，照著鏡子時，往往使人認為那鏡中的影像，毋庸置疑地就代表著自己，進而十分在意那個鏡中的自己是否好看、美麗。

經典中，也曾用正處盛年，愛好打扮的年輕人比喻

這樣的執取：當這些年輕人照著鏡子，或是看著水缽中的水面倒影時，將會以帶著執取的方式看著那影像，而不會平淡地對待那個影像。

不過，這樣的觀看方式有什麼問題呢？佛陀在一次說法中，為弟子們說明了當中潛藏的過患：

設想，有一位正值青春年華的少女，有著高尚的血統、穠纖合度的身材、姣好的膚色。這樣的美麗容色，是世人難以企及的。若擁有這樣的美色，想必只要看到鏡中、水面中的投影，就會覺得十分開心，內心也就經常享用著美麗形象帶來的美好滋味。

佛陀告訴弟子們，這看似美妙的滋味，其實有著潛藏的過患。試想：這健康、美麗的身體，由四大和合而成，因此仰賴種種滋養物，與許多其他的因緣維持著。不消多久，必定會逐漸老化。

隨著身體的老化、屬弱，這位美麗的女子，可能會變成了需要拄著拐杖行走的人；外貌上，也可能會開始有牙齒鬆脫、頭髮斑白、皮膚鬆皺等變化。

如苦諦中的老苦所教導：這些色身的變化，是每個人一生中，難以避免的事情。但是，如果女子還是心心

念念地執著過去的美妙容色，只消對照當前羸弱的身體，便會發現兩者極大的落差。這樣的落差，只會使她的內心充滿無盡的怨惱與痛苦，卻又無能為力。

佛陀又請弟子思考，若是女子不幸生了重病，遭遇身心莫大的煎熬，甚至是因病重又無人照料，而躺臥在糞尿之中，那些曾經的美妙容色，如今帶來的是快樂，還是過患呢？

又或者，當女子死後，屍體逐漸變色、腫脹並且腐敗，直到剩下一堆白骨，分散各地，當初那美妙的容色，帶來的是快樂，還是過患呢？[8]

這些敘述，可能令學習者感到不安或討厭，但卻是世間的真實樣貌。因此，佛陀非常直接地教導弟子們：**「於色愛喜者，則於苦愛喜；於苦愛喜者，則於苦不得解脫。」**[9] 眾生以為可以帶來快樂的色蘊，其實是由四大等眾多因緣所構成，隨著因緣生滅變化，而是無常的。在無常的情況下，色身並不能提供永久且圓滿的快樂。

而無論如何努力，在色身上追求快樂、滿足、幸福，不僅徒勞無功，更只會使貪欲無盡地增長，引領至苦。

8　《中部經典・第13經》(CBETA, N09, no. 5, p. 114, a2-p. 115, a6 // PTS. M. 1. 88 - PTS. M. 1. 89)

9　《雜阿含經・第7經》(CBETA, T02, no. 99, p. 1, c12-14)

我們一出生就對這個身體有貪執，我們貪執
別人，也貪執自己，所以就養成一個執著的心。
我們的我執，是來自於我們對身體跟想法的執
取，如果沒有我們的想法跟身體，那我執是什麼
呢？所以我們修行、打坐，就是要去除我執、破
除我相。

（二） 有我而生煩惱

認為有我的執取，不只發生在色蘊上。五取蘊的交
織運作，產生了栩栩如生的「我」的幻相。若不清楚感
官經驗是如何形成的，很容易就會產生了是「我」在看，
「我」在聽，「我」在經驗、感受、認知著這一切的觀點。

佛陀教導「無我」的關鍵便在這裡：一旦認定有
「我」，各式各樣對自我的認同也就產生了。這樣的認定，
可以是關於過去的自我曾經是什麼、現在的自我是什麼、
未來的自我將會是什麼等等。

當這些認可指向有力、優越的方向時，便感到滿意，

並希望永遠保持這些認可。但為了維護、鞏固這樣的認同,便可能在不知不覺間,產生了巨大無比的壓力——恐懼「我」會失敗、害怕「我」會被貶低或責怪,擔心「我」被他人視為弱小無力的。

這個過程中,若伴隨著強大的「貪」煩惱,可能就會推動各種不善的行為,如壓迫、指責或者掠奪他人,展現自我的權力,累積種種屬於「我的」有形的金錢、無形的名聲等,鞏固對我的認可。

反之,對於自我的認同如果指向負面的、不良的,同樣會引發內心的煩惱。譬如說,當遭受他人的批評或者反對時,往往感覺到「我」遭到貶抑,於是生起瞋恚,想要使用咒罵、報復的手段來反擊。

這個守護的範圍,也進一步擴張到那些被認為是「我擁有的」,或是「我喜愛的」。舉例來說,若有人傷害、批評我喜愛的親人、朋友,或利益我討厭的對象或敵人,都可能引發眾生強大的瞋恚煩惱。

由自我出發,也推動了「慢」的煩惱。不論是自覺勝過他人、和他人差不多,或是出給他人的想法與情緒,都是從高舉自我而來的。當日常生活中,總是處在與人比較的情況下,內心是很難得到平靜、安穩的。

　　無我的心，才能使自己快樂；處處保護自己的心，就會使自己憂慮。

　　種種煩惱，源自於未能如實知見五蘊的無常、苦以及無我，也就是「癡」。若是帶著無明，進而生起各種邪見，也就更難以生起對三寶的淨信了。因此佛陀說，若能夠如實知見無我的道理，則可以斷除對於佛、法、僧三寶的「疑」煩惱。

　　貪、瞋、癡、慢、疑等煩惱，既是從執取有我而生，也反過來滋養著我見。以自我為中心的習性，促生了眾生對後續生命之渴愛，也就無法斷絕五取蘊之再生。這些，都是佛陀希望眾生了解的過患。

　　至此，可以再透過一則經典故事反思對自我的渴愛與執取，如何推動眾生的煩惱與問題。

　　佛陀為弟子們開示，眾生生存的世界總是處在「成、住、壞、空」的循環，也就是從形成，到維持一段時間後，因為因緣變動而走向崩壞，直到一片空寂。並又從空寂

中，再次地走向形成。

在遙遠的過去，我們生存的世界歷經了「壞」與「空」的階段後，緩慢地走向形成的階段。此時，處在上界「光音天」的天人們，輾轉地自然化生於此世。

經典中形容這些光音天人初來時，仍維持其過往在天界的清淨狀態——「**自然化生，歡喜為食，身光自照，神足飛空，安樂無礙，壽命長久。**」既沒有粗重的物質身體、以喜悅為食、身體放光、能於空中自由行走，甚至擁有相當長的壽命。在那時，他們並沒有男女、人我或者尊卑的分別。

其後許久，地上湧現了「地味」這樣的東西。地味的形色美妙，猶如精煉的乳製品「醍醐」，味道則有如蜂蜜般甘甜。

某位眾生見到這樣精妙的東西，對地味非常地好奇，便以手指淺嚐了一口。不嚐則已，一嚐便深深地為其美妙滋味所吸引，生起了強烈的渴愛，大口大口地享用起地味。其他的眾生看到了這副景象，也紛紛效法，跟著食用起這美味的地味。

但是他們並沒有想到，隨著對地味的貪求與享用，

他們的身體逐漸粗重、失去光芒，也不再能夠自由飛行。隨著以地味作為食物，原先在色身的外貌上沒有差異的眾生們，也逐漸出現了美麗與醜陋的差別。

這樣的差異出現後，眾生以外型區別起了人我：外貌姣好的眾生生起了憍慢之心，輕視其他外貌醜陋的眾生，心中認定：「我勝過你們，你們比不上我。」。而外貌醜陋者，也反過來對前者生起了嫉惡之心。

就在眾生都處在這樣的比較、鬥爭，生起眾多煩惱的狀態下，地味便消失了。眾生們發現地味消失於世，紛紛感嘆、悲泣地味的耗竭。

在地味消失於世後，外型類似蕈菇類的「地皮」或「地餅」出現了。眾生因此轉而以地皮為食，並因長期食用地皮，身體變得更加粗重，對立的情形也加劇了。

隨後，地皮消失，眾生轉而以蔓草為食，當蔓草消失後，眾生又轉以採集粳米為食。

眾生所食用的物質，便如此益發粗重。當眾生轉以粳米作為主食，身體也逐步轉化，出現了男女之別。這之後，眾生也慢慢地有了夫妻之名，更有了城鎮的形成。

此時，有眾生心想：「常常採集粳米實在太麻煩了，

我不如一次多積存幾天的份吧。」結果，眾人紛紛群起效尤，在如此競積糧食的情況下，粳米很快地便枯竭耗盡，只剩枯稈了。

為了解決這樣的問題，眾生們決定要分封田宅，將糧食所屬劃分清楚。不料，仍然有人不滿足於現狀，偷盜他人的糧食。為了解決這樣的問題，人們開始制定法律，試圖保護自己的財產，並推舉共主來執行種種刑罰。

但是，並不是每個眾生，都將這樣的情況視為理所當然。

有些眾生明白到，生命與生命之間的關係，之所以會出現這些嚴酷的刑罰、諍訟與怨懟，其實是因為眾生間種種的殺生、偷盜等等不善行才出現的。如果沒有這些不善，自然也就不需要這些刑罰了。[10]

而種種不善行的根源，以人我的對立為根源——有了區別於他人的我，後續的種種煩惱才會不斷擴大。唯有精勤修行，捨棄種種對立的不善法，才是真正值得踏上的道路。

10　參考《長阿含經・第 30 經・世本緣品》(CBETA, T01, no. 1, p. 145, a6-p. 149, c23) 及其他對應南北傳經文。

想一想

從這則佛典故事中，可以看到哪些生命的「重擔」？

心┃道┃法┃語

　　整個環境、生態是環扣的，你破壞了這個環扣，那個生態就會毀滅。我們從與自然生態產生和諧，找到和平的源頭；沒有這個東西，我們沒有什麼和平的根據。我們從心去互動起，讓心寧靜下來，讓心能夠和平，那我們的地球平安就有希望。所以我們從「禪」開始推動地球的平安、地球的和諧。有了這樣的心，我們才能夠共創博愛的世界——一個愛的世界。

四、總結

　　佛陀透過無我的教導，要讓眾生明白，只要以五取蘊行走在世間，就有如肩負重擔而行，又有如狗被繩繫

縛於柱，為其所役，受盡逼迫與困苦。

為了擺脫重擔，首先要認識身心的五蘊。經典中用聚沫、水泡等譬喻教導五蘊。經常地思惟這組譬喻，有助於離開對五蘊的執取。

從種種繫縛當中鬆脫出來的關鍵，在於是否能夠如實地觀照到五蘊的無常、苦與無我。人間最先證悟的五比丘，正是實際通達了這樣的智慧，而能夠斷除一切煩惱，成就聖果。

在《無我相經》中，佛陀透過一組提問，有次序地引導五比丘們領略這樣的智慧。以色蘊為例，佛陀提問：

「比丘們！你們認為色是常還是無常呢？」
「尊者！是無常。」
「又，凡是那無常的，是苦還是樂呢？」
「尊者！是苦。」
「又，凡是那無常、苦、為變易法的，適合將其認作『這是我的』、『這是我』、『這是我的自我』嗎？」
「尊者！確實不適合。」

接下來的受、想、行與識，佛陀也如此地向五比丘們提問，比丘們也依序一一地回答。

往復問答後，佛陀對五比丘開示：不論是過去、現在，還是未來的種種色、受、想、行與識，都不是我的、不是我，更不是我的自我。

以這些法教的學習作為基礎，導向修行鍛鍊，逐漸便能生起對身心細緻觀照的智慧與出離心，進而斷除渴愛，捨離重擔。這樣的學習與鍛鍊，不僅能使當生的生命安樂，更導向生生世世的安樂。

心│道│法│語

　　一切苦都源於我們的身心變化，這就是「五蘊熾盛苦」，是一切苦的根源。五蘊，指色、受、想、行、識，「色」指形體、「受」為感受、「想」是想法、「行」指心的造作行為、「識」是意識、分別，我們身心常受到這五種組合生滅變化的影響，所以身體會有生老病死，心理的行為、思想也會受外在影響，想東想西，不知道怎麼做才對，產生許多煩惱、執著，感覺到苦、累。所以我們如果想要離開、破除五蘊的束縛，就是要修行，要學習佛法。

學|習|體|驗

◆ 依時間的順序，整理過去不同生命階段的照片，記錄整理後的心得與感想。

◆ 我是否曾經用「從事的職業」、「某段特別的經歷」，或者是「關係中扮演的角色」作為自我認同？若有，這份認定曾帶來哪些樂或苦？

學習筆記 Note

第三章　既非我，我是誰？

學習目標

- 深入了解無我的教導，遠離錯誤知見。
- 建立緣起的生命觀。

一、正確地認識無我

由於「無我」並不是眾生習慣看待身心的方式，所以在學習的過程中，很容易產生錯誤的理解。

舉例來說，即使是佛陀在世時的佛弟子，也有因為錯解無我的教導，而生起邪見的；更有些學習者，雖然聽聞了無我的教導，卻開始擔心長久以來費盡心思維護、賴以為生的「我」會消失不見，而心生畏懼。

無我是如此不易掌握，因此，佛陀也曾經採取「無記」，也就是保持沉默的方式，來回應外道的提問。

有一次，一位姓婆蹉的外道，前來問佛陀：「有『我』嗎？」佛陀沉默以對。這名婆蹉氏又接著追問：「如果是那樣的話，是『無我』囉？」佛陀依舊保持沉默。

這之後，這名外道就離開了。佛陀的弟子阿難對於佛陀保持沉默感到疑惑，詢問佛陀為何不回答婆蹉的提問。佛陀指出，對於婆蹉的提問，貿然地回答，只是陷落於常見或斷見的錯誤知見中，並沒辦法準確地帶出其證悟的「無我」，而可能徒令婆蹉增長困惑、迷亂而已。[11]

從以上的段落可以發現，儘管無我的道理十分艱深難解，但試著正確地聽聞與學習，仍是十分重要的。如果在學習的過程中曲解了無我的意涵，不僅對於修行無有助益，甚至可能增長困惑、邪見和煩惱。為了達到這樣的目的，值得認識在學習無我的過程中，可能會有哪些誤解。藉由破除錯誤的認識，更加如理地接近佛陀的教導。

（一）「我」只是施設的名稱

首先，一般人在日常生活中，仍難以避免使用「我」、「我的」這樣的詞語來與人溝通。佛典中，也可見佛陀使用這些語詞來說法。但是，佛陀不是教導「無我」嗎？為什麼佛陀也會使用這類語詞呢？在經典中，佛陀曾回應過這個問題。

有人問佛陀：「已經除去一切煩惱的阿羅漢，是否還會說『我』、『我的』呢？」佛陀的回答是：

---

11 《相應部・第 44 相應・第 10 經》(CBETA, N17, no. 6, p. 108, a14-p. 110, a2 // PTS. S. 4. 400 - PTS. S. 4. 401)

若羅漢比丘，自所作已作，

一切諸漏盡，唯持最後身，

說我漏已盡，亦不著我所，

善解世名字，平等假名說。[12]

對於斷除一切煩惱的聖者阿羅漢而言，雖然言說時也會使用「我」、「我的」這樣的語詞，但這只是隨順世俗間，約定俗成的層次在使用而已。經典中，也曾經借用車子的構成來教導這樣的道理：

如和合眾材，世名之為車，諸陰因緣合，假名為眾生。[13]

將各式各樣的輪、軸、座椅等部份組合起來，並加上一個稱呼用的名稱，才有所謂的「車子」。其中的任何部份，都不能夠獨立地稱為「車子」。眾生之於五蘊，也就像這樣的道理，是對著五蘊的種種積聚，加上一個名稱，才有所謂的「眾生」。

所以，雖然佛陀也使用著這類語詞說法，但不代表聖者的內心，還有著對「我」或「我的」的執著。這些覺悟的聖者，已經對於身心的種種生滅變化，都清楚觀察，不會再覺得有真實堅固的我在其中。

12　《雜阿含經・第 582 經》(CBETA, T02, no. 99, p. 155, a1-4)

13　《雜阿含經・第 1202 經》(CBETA, T02, no. 99, p. 327, b9-10)

在這樣的狀況下，這些詞語只是方便溝通，而隨順世間語言、文字的使用慣例而已。這和一般人帶著堅固的我見，而使用的「我」是相當不同的。

將這樣的教理應用到生活中，可以試著多加反省，當平常生活中，使用著「我」、「我的」一類的語詞的時候，是否真的有那個「我」呢？又可能伴隨著哪些對「我」的執取呢？

（二）離於斷見與常見

另外一類錯解，就是把無我理解成斷見或常見。這兩類見解，都偏於一端，而非佛陀的教導。經典中，曾記載一位名叫仙尼的外道修行者與佛陀的問答。藉由這段問答，可以明白佛陀所教導的無我，如何不落於斷見及常見的兩端。

仙尼問佛陀，為什麼佛陀會預告他的某些弟子，死亡投生的去處呢？佛陀在回答中，提到了三種老師：

第一種老師，根據自身的觀察，認為只有這輩子有真實的「我」，死後這個「我」就消散無蹤，不復存在了。因此，這類老師對生命抱持著斷見，並且以此教導學生。

第二種老師，根據自身的觀察，認為人不論是此世，

或是命終之後都確實有一個恆常不變的「我」持續地存在。因此，這類老師抱持著常見，並且以此教導學生。

另外，還有第三種老師，教導著不論是此世或是命終之後，都沒有「我」可得——這一類老師的教導，就是佛與一切覺悟者所教導的內容，不落入斷見或常見，而能令眾生斷除渴愛，朝向涅槃。

仙尼聽到了這樣的教導，困惑地對佛陀說：「世尊！我聽聞你所說的，心中的疑惑反而更加增長了！」

佛陀告訴仙尼，會生起疑惑，是非常正常的。無我的教導確實非常微細、深入，難以為一般的眾生體會與了解。這是因為，如此的道理，長久以來，並不是眾生們所接受、信仰或追求的。

佛陀進一步指出，即使是他的弟子，也不盡然能完全了解這樣的教法。那些還沒完全了解法的弟子，沒有辦法盡除微細的「慢」煩惱，也就無法逃避後續的輪迴。因此，佛陀才能記說這些弟子命終後投生的去處。

但是，對於那些已經深入地證知佛陀教導的法，並且斷除一切我慢的弟子而言，是不會有任何對我的執取的。因為沒有了再次投入輪迴的因緣，佛陀也不會記說其投

生何處。真要用語言描述，佛陀也只記說：「**波斷諸愛欲，永離有結，正意解脫，究竟苦邊。**」[14]

究竟佛陀的教法，和前面兩類老師有什麼不同呢？

第一類教導「斷見」的老師，認為眾生在一期的生命中有一個我，但隨著這一生的結束，「我」也就跟著消失。因此，這類老師也認為無須思考輪迴與業果的問題。這樣的理解，顯然不是佛陀的教導。

第二類教導常見的老師，則認為在輪迴的生生世世中，都有一個真實不變的我。就像佛陀曾經訪學的兩位外道老師，將微細、愉悅的禪定境界，視為「真我」。佛陀透過深刻的觀察，明白這些微細的境界與愉悅感受，仍舊是因緣所成，不脫離於無常與苦。試圖尋找恆常的我，如同根本不知道所要登上的目標，卻還在千辛萬苦地建造階梯一樣，只是徒勞無功。

但是，正如佛陀告訴仙尼的，無我的道理長久以來，並不是眾生們所接受、信仰或追求的，所以一時之間，並不容易改變心中的見解。就像一般人雖多少能觀察到色身的衰老，或是想法上的改變，但只要發現「我」不如從前那樣地具有能力，或是感到「我」受到損害，內

---

14 《雜阿含經・第 105 經》(CBETA, T02, no. 99, p. 31, c15-p. 32, c1)

心仍舊會產生許多痛苦。

因為這樣的情況，曾有佛陀的學生聽聞了無我的教導之後，內心反而產生了這樣的疑問：「如果沒有『我』的話，那麼在輪迴之中，到底是『誰』在造業，又是『誰』在受報呢？」

其實，這樣的提問是有問題的。祖師曾經用「燃燒燈火」的譬喻，輔助說明這個道理：[15] 當一盞燈火燃燒時，如果可以就燈火仔細地觀察，能夠明白每一刻的燈火都是由嶄新的因緣和合而成。即使燈火的燃燒看起來是連續不斷的，當中卻只有著無數的生滅變化，並沒有任何不變的實體保存下來。因此，認為有「我」的常見，是無法成立的。

儘管每一刻的燈火都不相同，但每一刻燈火的生起，都以前一刻的燈火作為重要的推動因素；同樣地，這一刻的燈火，也是推動下一刻的燈火生起的重要因素。

因為如此的因緣、業果相續不斷，所以認為某一刻的燈火消逝之後，就什麼都不剩，或者和後續的燈火燃燒毫無關聯這類的斷見，也是站不住腳的。

15　《彌蘭王問經》(CBETA, N63, no. 31, p. 65, a9-p. 66, a11 // PTS. Mil. 57 - PTS. Mil. 58)

由燈火的例子可以明白，佛陀教導的無我，要帶出生命並非死後就什麼都不剩這種斷滅的見解；同時，也不需要另外設立一個常我來作為不變的造業受報者。因此，當正確地理解無我時，能夠幫助眾生離於斷見與常見，進而真實離於渴愛，而邁向解脫。

想一想

　　這裡提到的「斷見」和「常見」，各有什麼問題？

心｜道｜法｜語

　　從我們的禪修，能夠顯露出我們本來的面目：涅槃妙心，實相無相，離語言文字。這個是什麼？它不會去沾染任何東西，它是不會被污染的東西。所以只要你不迷惑，它就不污染；它沒有形沒有狀，沒有任何的形象，沒有什麼東西它可以去沾染。

二、緣起的生命觀

　　除了教導常見、斷見的老師，佛陀的時代，還有著各式各樣落於兩端的錯誤見解。譬如：認為身體就是靈魂，或者認為身體與靈魂是截然分開的兩回事。也有認為：有一個自我負責造業與受報，或者認為造業者和承受果報者，彼此間是毫無關聯的。

　　佛陀借用「盲人摸象」的譬喻來形容這些見解，並指出如果缺乏對生命深刻、全面的觀察，就容易只抓住片面的觀察、理解，而落入各式各樣的錯繆見解中。

　　怎麼樣才稱的上全面的觀察呢？佛陀曾經自述，其在未覺悟前，不斷地思考：「世間的種種老死與苦難，究竟是透過什麼因緣而來的呢？」透過精進地修習禪修，佛陀終於全面證悟了生命的實相，也就是通達「緣起法」的智慧。

　　緣起法，並非佛陀或者其他人所獨創、製造的。佛陀覺悟了這樣的道理，並且轉化為適合眾生的語言而教導。這教導要對治的，便是眾生在輪迴中的各種困苦。

　　佛陀透過緣起法教導眾生：生命的輪迴與種種環節，只是因緣的相續不絕，其中既無常我，亦非斷滅地無我。

如佛陀在經中說：「**有業、報，而無作者。**」[16]也教導：「這個身體並不是你所擁有的，也不是其他人所擁有的。」應看成是由先前造作的「業」招感而來。也因此，關於「我是誰」這樣的問題，或者是無我教導的深意，可以透過「緣起觀」，推進不落兩端的中道智慧，來更加準確地瞭解。

心│道│●│法│語

佛法說「沒有我」，「我」是業力。除了業力以外，我是誰？沒有一個我的主體，只有一個業力的「我」。

搭配緣起來理解無我，可以說五蘊的和合運作，只是因緣業果的相續、聚合與消散，並沒有恆常不變的「我」在其中。由此，才能明白，為什麼日常生活中所說的「我」或「我的」，不過只是為了方便而施設的名稱。

既然五蘊都是藉由因緣而運作，隨著因緣生滅變動，便也就隨之變壞，是為無常。佛陀在《雜阿含經》中，

16　《雜阿含經・第 335 經》(CBETA, T02, no. 99, p. 92, c18)

明白地教導了這樣的道理：

　　色無常，若因、若緣生諸色者，波亦無常。無常因、無常緣所生諸色，云何有常？如是受、想、行、識無常，若因、若緣生諸識者，波亦無常。無常因、無常緣所生諸識，云何有常？如是，諸比丘！色無常，受、想、行、識無常。無常者則是苦，苦者則非我，非我者則非我所。[17]

　　如果多少能夠透過這樣的學習，明白眾生一切的身心活動，都不過是因緣生滅，無樂可得，無「我」在其中，一方面能更加重視當下身、語、意業的造作；另一方面，也能幫助學習者平靜地面對生命中一切苦受、樂受、順境與逆境，知道這些都是因緣而成，在變化之流中，因此能夠遠離執取與煩惱。

　　舉例來說，當對自我生起許多負面的評價與想法，認為自己糟透了，感覺不被接受或認可時，內心便將經常處在痛苦中。反之，有時人們對自我生起的，則是強烈的貪心與慢心，無視因緣，而認定有個完美的自我，反而變成了自大或者自戀。這兩種極端，同樣都從我見出發，可以視為種種「慢」煩惱的表現。

　　如果能夠經常地串習緣起觀，搭配禪修，觀察並思

17　《雜阿含經・第 11 經》(CBETA, T02, no. 99, p. 2, a22-28)

惟各種當下緊抓不放的自我，都是由種種因緣所成，並沒有一個本自卑劣或是優秀的「我」，這樣地去認識一切身心五蘊的無常、苦、無我，將能助益修學者，逐漸斷除各式各樣的我慢煩惱。

三、總結

在學習佛法的過程中，如何準確地掌握無我的教導，而不落入錯誤的理解與邪見中，是相當重要的。為了充分理解佛陀教導的無我，也必須不斷地深入學習，建立對緣起正確的認識，並且將其內化成為看待生命、事物的生命觀。

當穩固了緣起的生命觀，就能明白為何佛陀說「我」只是一個施設的假名，如此也就不容易落入各式各樣的兩端、對立的見解，造成煩惱。

反之，當缺乏這樣的觀照力，眾生便容易對自我不斷貪求，並且試圖擴張、餵養與自我相關的一切。於是，「我」成為了宇宙的中心，無論如何都應該優先滿足「我」的欲求；「我」所持有的見解，必定是唯一正確的。這種種見解與行為模式，對生命、社會或環境，都將帶來許多災患。

唯有在生活中，不斷提起正念，培養心的寂靜，才有可能認清當下緊抓不放的自我，進而隨順因緣的生滅。這也就是為什麼透過禪修，如實地觀察身心五蘊，可以對治由我見而來的種種煩惱。

比方說，面對著人生的挫敗、失意或者追悔，往往使人身心受盡煎熬。隨著培養觀察的能力，接納眼前成熟的因緣，甚至明白因緣成熟的理路，深刻地明白一切情緒、現象的生滅無常、苦與無我，慢慢便能避免以悔恨、驕慢、恐懼的情緒與態度來對待各種人事物。

這條道路，不只是為現世尋求安樂而已。隨著對緣起的認識逐漸深入、增廣，直到通達生命輪迴的緣起流轉與還滅的道理，深遠的輪迴之苦，也能仰賴這條捨棄我見、我執的解脫之道而超越。

心｜道｜法｜語

「我」就是一個想法、「我」就是一個身體、「我」就是一個種子。這個「我」，就是一個輪迴。這一切的我思、我想，變成一個輪迴的勾集。如何破解這個勾集呢？就是要看破、放下一切的妄念、執著，在這個種子的變化裡面，我們能夠無住、無罣、無念。

◆ 在生活中，練習觀察關於「我」的「常見」，並記錄下來。

◆ 試著寫下到目前為止，對佛陀所教導的「無我」的理解。

學習筆記 Note

第四章　緣起法（上）

學習目標

• 認識緣起法。
• 學習由無明而進入世間的理路。

一、緣起法

「緣起」可以說是佛法中最核心的教導。「緣」這個字，也深深地融入在文化語境中——偶然與舊識重逢，會說彼此「很有緣份」；要結束一段關係，也許又會說彼此「緣份已盡」。但假如問到「什麼是緣份」，似乎又不是這麼容易解釋。

從字義上說，「緣」指的是「條件」或「原因」。依條件（緣）的聚集而生起，就稱之為「緣起」。任何發生的事，都有背後推動的種種條件、原因，而這些條件背後，又有著其他的條件。這就是「緣起」的基本涵義。

舉例來說，人要維持性命，就需要飲食，而要準備適合的飲食，可能還需要食材、炊具等。如俗諺：「巧婦難為無米之炊」，無論要做什麼事情，倘若缺乏需要的條件，就難以成辦。

緣起法，是佛陀在菩提樹下所證悟的內容，是一切現象共通的實相，是熄滅苦的智慧，也是與外道學說不共的重要教導。

緣起法的學習，可以由「緣起法法說」：緣起的道理、原則，與「緣起法義說」：緣起的項目、內容這兩者下手。

（一）緣起法法說

佛陀曾在經典中，如此教導緣起法的原則或道理：

云何緣起法法說？謂：此有故彼有，此起故彼起。謂：緣無明行，乃至純大苦聚集，是名緣起法法說。[18]

「**此有故彼有，此起故彼起**」，便是對緣起法的原則，最精要的教導。這樣的道理，雖然看來平淡無奇，但如果不常將「緣起」的道理運用在生活中，往往會帶來許多問題。

比方說，當遇到了麻煩、逆境的時候，有時心裡會生起「這真是莫名其妙！」的想法。沒能明白問題成因的狀況下，當下次同樣的情況到來的時候，似乎就只能再次遭受同樣的困苦而不知所措。

18　《雜阿含經‧第 298 經》(CBETA, T02, no. 99, p. 85, a13-16)

有時候，面對著這些麻煩、逆境，雖然試圖找到解決的辦法，卻訴諸了錯誤的原因，同樣是於事無補。

這是為何學習「緣起法」十分重要：緣起法教導一切現象，都由因、緣聚集而生起，不會憑空出現。只有如實地去觀察、瞭解這些條件，才可能採取正確的方法，對事情做出改變。輪迴中的老、病、死、憂、悲、惱、苦等，也不外於此，皆是依緣而起的。

因此，學習緣起法，能夠藉由明白「**純大苦聚集**」，也就是整個生命流程困苦的聚集、集起，來走向「**純大苦聚滅**」或「**此無故波無，此滅故波滅**」的滅苦之道。

這樣的緣起智慧，是佛陀關於「正見」的重要教導。正如經典中曾記載：「**若見因緣，波即見法；若見於法，即能見佛。**」[19] 此外，相傳五比丘中的阿說示尊者，為舍利弗尊者轉述了這段教導緣起的偈頌後，舍利弗尊者當下便有所體悟，證入初果，決心皈依佛陀：

諸法從因生，諸法從因滅，如是滅與生，沙門說如是。[20]

經典中，以種樹為譬喻說明這樣的道理：雖然小小

19　《佛說大乘稻芉經》(CBETA, T16, no. 712, p. 823, b28-29)
20　《佛本生集經》(CBETA, T03, no. 190, p. 876, b26-27)

的樹苗在剛發芽的時候，相當地脆弱，一不小心就會枯萎、死亡，但是如果細心照料、勤加施肥、隨時灌溉、注意溫度，滿足樹苗成長的因緣，樹苗也就得以逐漸地茁壯、長大。

反之，如果不費心愛護，不給予適合的生長環境、不施肥、不灌溉、也不給予適切的溫度，樹苗也就無法成長了；即使是已經成長茁壯的大樹，將其樹根、樹枝皆截斷、切碎、分解、以火焚燒並投入風中、水中，這樣，即使是再高壯的大樹，也沒有再次生長的機會。[21]

（二）緣起法義說

為令眾生明白緣起法的道理，佛陀進一步地講解了「緣起法義說」的內涵，也就是開展生命流轉生死中的重要環節，並對各支項目的詞義、意義更加詳細地教導。

一組常見的教導，便是「十二因緣」，也稱「緣生十二支」。這十二支分別為：(1) 無明、(2) 行、(3) 識、(4) 名色、(5) 六入處、(6) 觸、(7) 受、(8) 愛、(9) 取、(10) 有、(11) 生、(12) 老死。

對這十二支的解說，歷來有許多的解釋方式。一組

21　《雜阿含經・第 283 經》(CBETA, T02, no. 99, p. 79, a25-b22)

最常見的詮釋，是用過去、現在、未來三世的角度，開展兩重的因果，來看待十二支因緣的關聯。這種解釋方式，能夠帶領學習者理解在三世當中，生死輪迴是如何地運轉不息。

三世	十二支	二重因果
過去世	無明、行	過去苦因
現在世	識、名色、六入處、觸、受	現在苦果
	愛、取、有	現在苦因
未來世	生、老死	未來苦果

不過，緣起其實是相當深刻的。緣起的各支，彼此間有著綿密的網絡，緊密地相互關聯，因此並不只有這一種理解的方式。比方說，也有解釋指出在一念之間，就可以具足了十二支的運作。

這樣具有彈性地來理解緣起，也可以在佛陀教導的方式當中見得。經典中，佛陀往往因應不同的對象，善巧地以三支、五支或十支等不同的數目或方式教導、度化眾生。其目的，都是為了教導眾生緣起的智慧。所以，在學習的過程中，應避免緊抓著某一種的詮釋方式，或是僵化地將十二因緣看成單向的流程。

二、由無明而進入世間

（一）無明

無明，意思是缺乏明朗的認知，也就是缺乏智慧的光明。

很多時候，我們以為對生命有些了解，卻沒意識到，其實既不知生從何來，更不知死往何去；對為何煩惱、感到苦痛，也都不清楚。這種無知的狀態，就像身處深夜的黑暗中，只得摸索著前進。由於沒有清楚的照明，而難以找到出路，更可能因此走岔了路，而墜入萬丈深淵。

無明作為緣生十二支之始，帶出眾生對生命中的認知、追逐、生死的不清楚，也就是在後續各支的流轉過程中，通通都缺乏智慧的照明，處在無明的壟罩之下。眾生因此不得自主地，流轉生死之中而受盡苦難。

經典中，羅列了許多無明的項目。不過，其中最重要的，就是對四聖諦的無知：不清楚苦諦的道理，就難以走上修行、出離的道路；對於集諦不清楚，就只得受限於困苦的結果；對於滅諦不清楚，便無法明白應努力的方向；對於道諦不清楚，就無法對治苦因，熄滅苦果。

除了對四聖諦的無知之外，無明，也是對於緣起、業果、三寶等項目的無知。

因為不具備緣起的智慧，眾生往往把眼前的現象當成是真實、實有的，或執取五蘊為自我，落入各種的兩端。隨著這樣的攀附，各式各樣的煩惱也就有機會生起了。

對業果的運作不清楚，使得眾生不清楚哪些行為將導向苦，更搞不清楚哪些行為導向樂。結果往往是雖然努力地求取快樂，卻不只求不得，還喪失了已有的樂，或者感召更多的痛苦。

在無明的狀況下，眾生就如同迷了路，卻連地圖都沒有。佛寶、法寶、僧寶這三寶——覺悟實相的佛陀、佛陀的教法，以及傳承護持佛教法的修行團體——就有如地圖與嚮導，能帶領修習者逐步地走向解脫，在種種危難中得到庇護之處。

（二）行

行，有和合、組合造作的意思。在先前介紹行蘊時，曾經帶出佛陀以「思」代表的意志，來解釋行。十二因緣中的行，以三世的角度來看，指眾生由於過去無始以來的無明，推動了種種業的造作與累積，進而形成了眾

生的習性、習慣，並強大地影響了眾生投生的去處。因此，也可以「業行」或「業」，來解釋這裡的行。

在身、口、意上表現的行，可以分為十善業與十不善業（十惡業）。十種不善指：

身行：殺生、偷盜、邪婬。

口行：妄語、兩舌、惡口、綺語。

意行：貪、瞋與邪見。

這類不善的行為，由顯著的無明推動：由於不明白正受到強大的欲望、煩惱控制，而造作惡行，也不知道惡行的過患，更錯誤地把這樣的行為當成是帶來快樂的，也就只能不斷地造作不善、累積惡的業習、習氣，由其牽引，朝惡趣投生。

想一想

回想過去，是否有因「無明」而造作「惡業」，導致受苦的經驗？

當行為舉止能夠避免十種不善業，便可稱為十善業。常行十善業，能累積善業、善的習氣，進而感得後續投生人、天等善趣的福報。

不過，即使能夠做到常行善行，仍不足夠，修行仍是以對治一切無明為根本。舉例來說：對於求生天界，希望享受福報的修行者而言，並沒有透徹地明白到，不論享樂的福報有多麼長久，最終都是會消滅、敗壞的。這即是對四聖諦無明的表現。

對於這種表面帶來快樂，實則未脫離於苦的情況，論典中也以飛蛾撲火、刀口舔蜜作為譬喻。[22] 因此，應明白佛陀鼓勵多行十善業道，是用以開發善意、慈悲，累積福德、培養純淨心態，作為解脫智慧或是利益眾生的資糧，而不是以帶來的享受與福報作為目的。

（三）識、名色

在三世的架構中，過去的無明，推動各種善行、不善行，造作了投生的業力。行，這股意志的驅力，引領了此世的識再次地流轉、投生世間。識，因此入胎，與名色一同輾轉地增長，開展了眾生這一期的生命。其中，名，指生命的心理、精神層面，可指眾生的受、想、行、

22　參《清淨道論‧第十七品》(CBETA, N69, no. 35, p. 167, a2-p. 168, a3 // PTS. Vism. 531 - PTS. Vism. 532)

識蘊；色，指構成眾生的物質層面，也就是色蘊。

識如何推動名色生起呢？如果透過胚胎的成長過程來理解，過去的無明，推動了行造作的投生業力。這股驅力，隨著投生因緣的成熟，使識進入父精、母血和合而成的受精卵，即是此生的入胎。

如果沒有識入胎來推動，由父精、母血和合而成的受精卵，只能是一團細胞或物質而已，無法進一步發育成為具有物質與心理特性的胚胎與胎兒。所以十二因緣中教導，由於有了識，而有名色的生起，也就是透過識、業力、受精卵等因緣和合，才能有具備名色特性的胎兒出現。

雖然識能推動名色的生起，但是識反過來也由名色支持。這是說，識也需要執取、貪愛著名色，才得以繼續地延續、擴展。這種情形下，識就像種子，由名色灌溉與滋養，才得以發芽成長。

識與名色互相支持、輾轉相生的關係，經典中也用蘆草彼此相依而立來譬喻。從中，可以發現不論是識，還是名色，都不是一個可以獨立存在的事物，自然也就不能把它們看作是「我」了：

譬如：三蘆立於空地，展轉相依，而得豎立，若去其一，二亦不立；若去其二，一亦不立，展轉相依，而得豎立。識緣名色，亦復如是，展轉相依，而得生長。[23]

三、總結

緣起法是一切事物運行的道理，更是佛陀證悟的內容，與佛教觀看世間的重要視角。從四聖諦到一切佛的教導，都沒有辦法離開緣起法來理解。

因此，對緣起法的理解，不僅可以為佛法的學習提供堅實的基礎，更是認識生命、世界到底是怎麼一回事，一個適當的入手處。

由於學習了緣起法，可以明白如果放任造就苦的因緣不管，生死與流浪輪迴的苦，只有可能不斷地重複上演。

反之，正因苦痛有其促成的因緣，面對著生命中無法逃避的憂、悲、惱、苦時，佛陀教導我們不須悲觀、怯懦或是被苦給擊倒。只要能透過智慧認識這些因緣條件，輔以耐心地處理，終將能夠一點一滴地鬆動苦的循環。

23　《雜阿含經・第 288 經》(CBETA, T02, no. 99, p. 81, b5-8)

為了脫離如此苦的循環，佛陀透過各種善巧教導眾生緣起法。藉由「緣起法法說」，佛陀講述緣起法的法則或道理，使眾生得以走上探究世界、心路歷程來龍去脈的道路；「緣起法義說」則細膩地解釋了眾生在生命輪迴的流程中，有哪些重要的項目與環節，以及彼此之間的環扣。

　　此章介紹了無明、行、識、名色四支，以三世來看，分別代表著過去的苦因，以及所感得的現在苦果之開端。接下來的一章，將進入緣起法更具體的內容：探究眾生知覺的形成，以及如何由於知覺生起了錯誤的追求，進而不斷地進入輪迴受生與老死。

學｜習｜體｜驗

◆ 佛陀為什麼要教導緣起法？

◆ 「無明」的內容，至少包含了哪些項目？試著檢視自己對這些項目的認識，並記錄下來。

學習筆記 Note

第五章　緣起法（下）

學習目標

• 明白輪迴中，如何由知覺的形成及隨逐後有，
推動生死的因緣。

• 能清楚地認識緣起的流轉與還滅的理路。

一、知覺的形成

（一）六入處

當名色具足的胚胎逐漸成長，胎兒的眼睛、耳朵、
鼻子等六類感官，也就慢慢發育成熟，得以看到畫面、
聽到聲音、嗅聞香氣等。這六種感官，配合著對應的六
塵，就像是打開了認知的門戶，連接了眾生知覺的通路，
也就是六入處。

平常看到、聽到、嗅到、嚐到的事物，如果沒有六
入處的因緣，所看到、聽到的，也就不復存在。而不同
的眾生，由於具備不同的感官因緣，就算面對著同樣的
東西，知覺到的內容也可能大不相同。舉例來說，一般
人看到的七彩彩虹，在狗兒的眼中，可能完全是另外一

回事。不同因緣促生的知覺間，並沒有那一種比另外一種更為真實。

對於六入處不清楚時，眾生往往就依著六根的偏好，不斷地朝著外境攀附。經典中，以一個譬喻說明這種狀況：

有一個人捕捉了蛇、鱷魚、鳥、狗、狐狼、猴子這六種動物，將牠們以繩索牢牢地連結在一起，並抓著中間的結點。當這個人放手，讓這以繩索連結著的動物們自由活動時，會發生什麼事呢？

當這個人一鬆手，只見蛇奮力地朝向蟻丘前行、鱷魚用力朝水中爬行、鳥振翅想飛入空中、狗往村落前行、狐狼朝著墓地的方向前行，猴子則拼了命地，想回到樹林。

這六種動物，就這樣朝著各自想要前去的方向，彼此角力。直到某種動物勝出，其他用盡氣力的動物，才會放棄，順從這個最有力氣的動物。

六種動物，就譬喻著六根：六根平日裡總是各自拼命地朝著喜愛的境界攀附，如眼睛朝著好看的景象攀附，避開醜陋的色；耳朵朝著美妙的聲音攀附，並躲避不可

喜的聲音等等。對於這樣的情況，如果毫無覺知，可能就會常常放任六根彼此角力，不斷地攀附外境，而感到疲憊不堪。[24]

想一想

在我的日常生活中，通常是哪一種根門會勝出呢？

或許有人會認為：「好看的、好聽的、好吃的東西出現了，怎麼可能不去看、去聽、去吃嘛！」

經典中，摩訶拘絺羅尊者也曾經這樣地問舍利弗尊者：「到底是眼、耳、鼻、舌、身、意繫縛著色、聲、香、味、觸、法，還是反過來，由六塵繫縛著六根呢？」

舍利弗回答：「這兩者之間，並不是眼繫縛著色，也不是色繫縛著眼。其他的各個入處，也是這樣的道理。是由於中間生起了『欲貪』，才會造成了繫縛。」

24　《雜阿含經・第 250 經》(CBETA, T02, no. 99, p. 60, a22-b21)

舍利弗尊者進一步譬喻：如同兩隻由牛軛與牛鞅相連的黑牛、白牛，並非黑牛綁住了白牛，也非白牛綁住了黑牛，而是兩頭牛之間的牛軛與牛鞅，使兩頭牛緊密地繫縛在一起。[25]

因此，佛陀教導應在這六根門上多觀察、修習、守護，透過這樣的練習，來避免生起「欲貪」。如經言：「**善攝此六根，六境觸不動，摧伏眾魔怨，度生死波岸。**」[26]這樣，就如同將那些代表六根驅力的動物，牢牢地綁在堅固的柱子上，而不會再任由牠們牽著到處走，也就是離開了繫縛。

（二）觸、受

由於有了「六入處」的通路，感官才得以對著外境生起六識。當根、塵、識這三者聚合在一起，就稱為「觸」。

六根、六塵、六識，就像是各種材料一樣，以千變萬化的組合方式，形成了各種不同的知覺。經典中，也將這三者合稱為「十八界」，其中的任何一項，都不斷地生滅變化著，並沒有任何可以稱之為「我」的部份。

25　《雜阿含經・第 250 經》(CBETA, T02, no. 99, p. 60, a22-b21)

26　《雜阿含經・第 279 經》(CBETA, T02, no. 99, p. 76, b29-c1)

有了六觸，對應的感受也才能夠生起。如透過眼觸所生的感受、透過耳觸所生的感受等。佛陀教導：從「觸」產生的感受，都是無常、是苦、是無我的。經典中，曾以一則「拍手作聲」的譬喻來說明：

比丘！譬如兩手和合相對作聲。如是緣眼、色，生眼識，三事和合觸，觸俱生受、想、思。此等諸法非我、非常，是無常之我，非恒、非安隱、變易之我。所以者何？比丘！謂生、老、死、沒、受生之法。[27]

當拍手發出聲音的時候，聲音是由許多因緣和合而成的──聲音既不在左手，也不在右手裡面，更不在其他地方。只要缺少任何一隻手，或必要的因緣，聲音就無法產生了。知覺也是這樣：由於觸，之後的感受、概念認知（想）、內心的意志（思），才得以跟著迅速而交織地生起。

對於未經鍛鍊的眾生而言，往往弄不清楚其中發生了什麼事。於是，一方面覺得有個「我」在知覺一切；另一方面，就把感受看成是實有的，而有了種種的追逐、煩惱。

對著這些感受，更進一步地用曾經學過的苦受、樂

27　《雜阿含經・第 273 經》(CBETA, T02, no. 99, p. 72, c8-12)

受、不苦不樂受來細分，就能夠更細膩地來理解感受的生起。在未如實觀察感受的狀況下，苦受很容易增長潛在的「瞋」煩惱，或者是激發瞋隨眠，造作相關的惡業；當面臨樂受的時候，則容易滋養、激發「貪」隨眠；面臨不苦不樂受時，則容易滋養、激發「癡」隨眠。

因此，佛陀教導，應收攝心念，用心觀照觸與受的生滅。不再迷迷糊糊地任由觸推動各式各樣的受、想、思，再演變成其他的惡業。這兩者，都是止息心的散亂與煩惱，十分重要的下手處。

心｜道｜法｜語

原先我們都生活在觸、受、想、行、識裡，有了觸，於是產生種種識、受、想、行的變化，當你觸而不受，就不會有這些變化，也就不會有這些串習。

二、隨逐後有

（一）愛

隨著感受生起，渴愛也就有了立足處。對著快樂的感受，如果不斷地品嚐、回味、顧念，心也就緊緊地繫縛在其上了。

舉例來說，當嚐了美味的食物，感受到樂受之後，如果還是捨不得那份美好的滋味，可能就會回味再三，心想：「那份餐點真的是太美味了！」這樣的回味、顧念，將只會不斷地滋養渴愛，並且推動眾生去尋求下一次的滿足。

但是，渴愛終究是永無止盡的渴求。短暫來看，好像可以用滿足渴愛的方式，減輕得不到的飢渴不適。但長遠而言，這股渴求的力量，只會一次次地更加強烈，而沒有究竟滿足的一天。

更寬廣地來思考，不管是對著身心五蘊，或者是對著美好的境界渴愛，只將不斷地促生想要更多的貪求，最終使人無法自拔。這也就是渴愛具備的「喜貪俱行」特質。

渴愛對於眾生的行為，以及投生的去處，都有著極大的影響力。不論投生何處，眾生都將繼續試著找到事

物，來填補這份渴愛。這樣的習性，並不會隨著輪迴投生而消失不見，這正是渴愛「後有起」，與「隨處歡喜」的性質。

十二因緣的流轉中，由受而生愛的這個階段，對於修行具有極為關鍵的地位。也因此在集諦的教學中，佛陀時常以渴愛作為苦因的主要教導。如果要減消渴愛的勢力，首要地就是要避免上述的回味與顧念。此外，也可透過經常觀察渴愛對象之無常、生滅，來如實看透渴愛的面貌，並遏止渴愛的增長。

（二）取

取，指執取不放。隨著渴愛的生起，眾生往往就緊抓住著渴愛的對象不放，所執取的可以是感官欲望的對象，也可以是某些錯誤的見解。佛陀經常教導，應避免以下四類的執取：

1. 欲取：對感官欲望對象的執取

對於那些帶來快樂感受的境界，假如生起了渴愛，很難不演變成緊抓不放的執取。也就是藉由佔有，希望不斷地重複感受那份快樂。這種執取，是最容易觀察到的一種執取。

但是，這樣的執取，永遠必須面對無常的逼迫。由於不知何時會失去所執取的對象，只得憂心苦惱，想方設法地避免失去。隨著執取越強，擔心也就更強烈，更不用說當真正失去執取的對象時，內心會有多麼痛苦了。

2．見取：對見解的執取。

執取也常以見解作為對象：由於有著某些貪求，進一步接受了錯誤的見解──邪見。緊抓著這些邪見不放，就屬於見取。

見解，可以很直接地影響眾生的行為。如執取常見、執取斷見，或是執取著否定業果等等的邪見，能夠讓眾生造作各種不善業。

見取有一個更深刻的面向是：連對於佛陀教導的內容，也不應用執取的方式來面對。當抱著見解不放、執取見解，反而促成了自以為是的情況時，只會導致與他人的對立、爭執或爭吵。

這樣，雖然學習了教導解脫的佛法，反而產生了更多貪、瞋、癡，又如何能說是要脫離煩惱、解脫生死呢？這正是為何佛陀講述「筏喻」的道理，來教導學習者培養對法應有的學習態度。

3. 戒禁取：對無益解脫的戒律的執取。

戒禁取，也能視為見取的一種。指對解脫無益的戒律執取不放。

在佛陀的時代，有著許多帶有這類執取的外道修行者。這種執取，障礙了進一步探索解脫的因的可能，使這些修行者雖然奉獻了一生，卻仍舊未能脫離於苦。

譬如，在佛陀的時代，有些外道認為持守狗戒、牛戒，就可以投生天界。但是佛陀卻指出，持守這樣的戒律，是缺乏智慧的表現。由於搞不清楚什麼才是真正解脫的因，就算這類修行者嚴格持守錯誤的戒律、生活方式，也沒有辦法帶領他們到達想要的趣處，反而可能隨順著執取，投生到對應的畜生道去了。

4. 我語取：對種種「我見」的執取。

我語取，也屬於見取的一種。指執取著有我的見解不放。如果抱著這類執取，就沒有學習無我的可能，也就無法破除我見。如果持續抱持著我見不放，也就無法避免各種由我見而帶來的煩惱與重擔了。

（三）有

各類的執取，能夠推動眾生不同型態的有。有，即存有，或存在的意思。

從三世的角度來看，眾生的這輩子由於渴愛，形成了對欲望或見解的執取，隨順著執取，於是就造作各種行為，形成善或惡的業力。累積下來，就形塑了各類不同的生存方式、樣貌或習氣，並且影響到一期生死結束後投生的去處。從這樣的角度來看，也有用「業有」來解釋「有」的，也就是因為造作了能繼續投生的業，而有了後續的「有」的意思。

比方說，前述因為有著「戒禁取」，而持守狗戒、牛戒的外道修行者，因為習慣執取著狗、牛的生存方式和習慣，佛陀便預言，他們未來很可能真正地投生到畜生道，成為一隻狗或牛，也就是由「取」而推動「有」。

有，可以有許多分類方式。如果依眾生生存的領域，大致可以分為欲有、色有，與無色有這三類。

1. 欲有

由欲愛推動，造作業力，便推動前往欲界投生，成為「欲有」。當中，如果是常行不善業就容易投生欲界三惡道——地獄道、餓鬼道、畜生道。

反之，如果常行十善業，依著累積的福德資糧，與培養的良善習性，將導向眾生投生果報較為良善的人道或欲界天。

2. 色有

以色愛推動，造作業力，導往色界的投生，成為「色有」。有些精熟於禪修、禪定者，已成就與色界相應的禪定功夫。由於習慣這樣的禪定，便容易順著這樣的定，投生對應的色界諸天。

3. 無色有

指以無色愛推動，造作業力，導往無色界的投生，成為「無色有」。有些精熟於禪修、禪定者，已成就與無色界相應的禪定功夫。由於習慣這樣的禪定，便容易順著這樣的定，投生對應的無色界諸天。佛陀證悟前所遇到的兩位外道老師，就是因精深的禪定功夫，投生於無色界的例子。

無論如何，只要不脫三界六道的輪迴，就只得在「善趣」與「惡趣」當中長夜流轉。愛、取、有，正扮演著現在世所造作的苦因，應思惟如果繼續如此造作苦因，只得生生世世流著無量的血與淚。經典中指出，如果把

這些血與淚累積起來，將遠遠超過人間的恆河、大海之水所能比擬。[28]

因此，佛陀在經典中，曾如此教導弟子應努力修學，令諸有不再繼續增長：

> 過去無量劫數，長夜受苦，積骨成山，髓血成流，乃至地獄、畜生、餓鬼惡趣。如是，比丘！無始生死，長夜輪轉，不知苦之本際。是故，比丘！當如是學：『斷除諸有，莫令增長。』」[29]

三、生死輪迴

（一）生

以「渴愛」與「執取」，推動了後有。以有為主要的因緣，便有了「生」。

生，使眾生再次出生到世間。以三世的角度理解，「生」特指眾生未來世中的再次出生，是由這輩子累積的愛、取、有等現在因的業力推動，再次經歷入胎，生起新的一世生命。

---

28 《雜阿含經・第 937-938 經》(CBETA, T02, no. 99, p. 240, b12-p. 241, a17)

29 《雜阿含經・第 937-938 經》(CBETA, T02, no. 99, p. 240, b12-p. 241, a17)

出生在世間，由父精、母血，以及子宮等適合的物質條件，配合識的入胎而成。由於因緣具足，五蘊得以聚合，成了所謂的胎兒。隨著胎兒逐漸成長，眼、耳等等感官，也逐漸地發育成熟，使得這新生的生命，得以認識世界，也就即將再次經歷如同這輩子的苦因與苦果了。

（二）老死

出生後，經過童年、青年與壯年，這短短的一輩子，因為無常的道理，沒有人可以躲的過衰老與死亡，也就是「老死」以及隨之而來的憂、悲、惱、苦。

老化的過程中，往往伴隨著色身的衰敗——頭髮發白、髮量變少、皮膚鬆皺或出現斑點、感官漸漸遲鈍或失去功能、四肢無力、背部不再直挺、氣息漸弱、反應也漸漸變慢、需要持著拐杖前行、漸漸喪失活力等。

隨著老化，眾生終將走到死亡的時刻——四大和合的身體開始朽壞、並逐漸失去體溫，五蘊解散。儘管迎接了這輩子的死亡，但是如果仍有殘餘的渴愛，則心識就將繼續順著業力的習慣與傾向，繼續奔向下輩子的出生。

無論是衰老、生病或死亡，這過程中的痛苦，既無法用任何感官的享樂來相抵，更沒有辦法讓其他人代替承受。

經典中，佛陀曾經如此教導：一般人往往覺得因為水災、火災或盜賊作亂，而使得母親和孩子分離，應該就是相當大的苦難了。但是，即使是在這些不幸的狀況下，母子都還是有可能再次相遇。

相較之下，世間其實有著更嚴重的危難——老、病、死這輪迴中必定經歷的苦，才稱得上是真正使母子分離之危難。

設想，當自己親愛的孩子變老、生病、死去的時候，是否有任何一位母親可以說：「不要讓我的孩子變老、生病、死去，讓我代替孩子變老、生病、死去吧！」

同樣的，當母親變老時，世上也沒有任何孩子可以說：「請不要讓我的母親變老、生病、死去，讓我代替母親變老、生病、死去吧！」[30]

老、病、死之苦，就像這樣，無人可免，也無人能替他人承擔。生生世世的輪迴中，眾生不知已遭遇多少次如此苦難，並又將要因未來更多的老、病、死，再承受多少的憂、悲、惱、苦。

---

30 《雜阿含經‧第 758 經》(CBETA, T02, no. 99, p. 199, b26-c15)

四、緣起的流轉與還滅

眾生由於無明，受限在感官所能認識的世界中，既看不到生命的全貌，也看不到種種行為的後果。盲目地伴隨渴愛而行動，使得眾生不由自主地追逐一輩子又一輩子的出生，感召著一輩子又一輩子的苦。整個緣起十二支，從無明一路流轉到老死的過程，可以視為在輪迴中，生生世世一個龐大無比的「苦的積聚」或「苦蘊」集起的過程，也就是「純大苦聚集」。

渴愛，是如此輪迴受苦最重要的推力。隨著出生到世間，就必須要面對各類渴愛引發的怨憎會、愛別離與求不得之苦。若能清楚認識這各式各樣困苦的聚集，能夠助長我們對生死厭患，發起堅固的出離心。

一旦發起出離心，就得以跟隨佛陀的教導，來深入探究與觀察：這些推動著生死輪迴的項目，骨子裡到底是怎麼一回事？又該如何解決這樣的輪迴。這樣的探究，也就是對苦因的探究。十二支因緣的流轉，可以視為佛陀對於集諦更詳盡的教導：

什麼是苦集聖諦？以無明為緣而出現諸行，以諸行為緣而出現識，以識為緣而出現名色，以名色為緣而出現六處，以六處為緣而出現觸，以觸為緣而出現感受，

以感受為緣而出現渴愛，以渴愛為緣而出現執取，以執取為緣而出現存有，以存有為緣而出現生，以生為緣而出現老、死、愁、悲、苦、憂、惱。如此而有這整個苦迫的集起。這稱為苦集聖諦。[31]

如果可以斬斷十二緣起的流轉，即是斷除苦因，生與老死的苦果，也就無法再生起了。這樣的情況，即是滅諦教導的解脫、涅槃：

什麼是苦滅聖諦？由於無明被捨離滅盡無餘，諸行便滅盡，因諸行滅盡故識滅盡，因識滅盡故名色滅盡，因名色滅盡故六處滅盡，因六處滅盡故觸滅盡，因觸滅盡故感受滅盡，因感受滅盡故渴愛滅盡，因渴愛滅盡故執取滅盡，因執取滅盡故存有滅盡，因存有滅盡故生滅盡，因生滅盡故老、死、愁、悲、苦、憂、惱滅盡。如是而有這整個苦迫的滅盡。這稱為苦滅聖諦。[32]

除了以樹的生長為喻，經典中，也藉點燃燈火為譬喻：整個純大苦聚集的狀況，就像是藉由燈油，與燈柱為緣，才得以促生燈火的燃燒與照明。如果不斷地添油、更換燈炷，這燈火便將常保明亮，甚至燒得更加熾盛。

反之，如果就著燈火燃燒的根源下手，既不添加燈

31　《增支部經典‧3 集‧第 61 經》，關則富譯。
32　《增支部經典‧3 集‧第 61 經》，關則富譯。

油，更不更換燈柱，這燈火未來必定不再生起，終將隨著因緣磨滅，而燃燒殆盡。[33] 也就是成就「此無故彼無，此滅故彼滅」，「純大苦聚滅」，緣起的還滅道路。

佛陀藉由修行，證悟此等解脫的智慧，能順觀、逆觀、順逆觀十二因緣的流轉與還滅，以及將緣起法細膩地教導予眾生。這樣的智慧，同樣為過去諸佛所證悟。

如何和諸佛一般，獲得這樣的智慧呢？透過八正道、禪修來開發觀照力，是獲得真實智慧的關鍵。佛陀曾經對弟子們如此教導：

當勤方便修習禪思，內寂其心。所以者何？比丘禪思，內寂其心，精勤方便者，如是如實顯現。云何如實顯現？老死如實顯現、老死集、老死滅、老死滅道跡如實顯現；生、有、取、愛、受、觸、六入處、名色、識、行如實顯現，行集、行滅、行滅道跡如實顯現。此諸法無常、有為、有漏如實顯現。[34]

十二因緣的學習，並不外於知苦、斷集、修道、證滅的四聖諦智慧，既如使樹苗不生、使燈火熄滅，更是能夠遠離對兩邊的執取，在一切生命的境遇中，都明白僅有因緣聚散，是無我的，進而離於我見與繫縛，真正推進「中道」的解脫道路。

33　《雜阿含經‧第285經》(CBETA, T02, no. 99, p. 79, c27-p. 80, b7)

34　《雜阿含經‧第367經》(CBETA, T02, no. 99, p. 101, b9-15)

五、總結

儘管透過學習緣起法的法說與義說，展開了生死輪迴的過程與推動條件，但是佛法的學習既需經常地聞、思，更需實修。解脫，也是由因緣促生，不會只憑概念上的理解就可以達致。

過去，佛陀的弟子阿難尊者，曾經在聽完佛陀教導十二因緣後，覺得緣起的道理，好像也沒有什麼深刻、困難的。

佛陀告訴阿難尊者，千萬不要這樣想。事實上，緣起的道理非常地深刻，並不是那麼容易通達的。接著，佛陀對阿難尊者講了一個過去世的故事。

很久以前，有一位阿修羅王，名叫「須焰」，具有變化身體成極大身的能力。有一天，這位阿修羅王，突然想到海中捕捉日月，於是變化出了巨大的身軀，走入海水。

這位阿修羅王，有位兒子叫做「拘那羅」。拘那羅遠遠看著父親在水中遊憩，好像非常快樂，於是就和父親說：「我也想進到海水中沐浴！」

須焰對兒子說：「這海水又深又廣，不是你可以隨便進來的。」

拘那羅看著海水的水深，明明只到父親的腰間，便還是堅持要進入海水。須焰無奈之下，便一把提起了拘那羅，放入海水中。

　　拘那羅一進入這深廣的海水，就發現雙腳踩不著底，內心充滿恐懼。這時，須焰便對兒子說：「我已經和你說過了，海水是非常深的。儘管你看起來覺得並不困難，但是只有我可以這樣在水中洗浴，你是沒有辦法像我這樣的。」

　　佛陀告訴阿難尊者，過去的那名阿修羅王須焰，其實就是如今的佛陀；他的兒子拘那羅，即是今日的阿難尊者。過去的拘那羅小看了海水的深廣，正如同如今的阿難尊者，小看了緣起的深刻與廣大。

　　藉此，佛陀教誡阿難不應輕視緣起法，並指出一般的眾生正是因為沒有辦法明白緣起的道理，才會不斷地流浪生死，難以出脫。[35]

　　依著佛陀的教誡，我們應如理地將緣起甚深的義理學好，並且踏實地禪修，練習觀察因緣生滅，唯有如此，才能逐步地開發出智慧，離於無明，邁向解脫。

35　〈增壹阿含經・49 品・第 5 經〉(CBETA, T02, no. 125, p. 797, c22-p. 798, a24)

◆ 從緣起的角度來看修行，有什麼是我還可以努力或是
　調整的？

◆ 學習了緣起法後，對我生命中遭遇的問題，是否有助
　益之處？若有，請記錄下來，並且與大家分享。

學習筆記 Note

第六章 放下我的重擔

學習目標

- 明白如何在生活中，練習四念住與四無量心。
- 實踐禪修，逐步鬆脫有我的見解。

一、捨離重擔

身處輪迴中的眾生，認為自我是真實存在的，並耗費大量心力來維護自我，使得渴愛增長，進而執取著五取蘊的重擔，流浪生死，無有出期。

若要斷絕這苦的循環，關鍵就在是否能夠透過禪修，開發專注與觀照的能力，在生活中的每個當下，都能如實地觀照五取蘊的無常、苦與無我。這樣的智慧，必須清楚、專注地去認知各種感官經驗形成的過程。

經典中，教導一組引領眾生收攝其心，獲得清淨、解脫智慧的重要教導——即修習「四念住」，也稱「四念處」。此外，時常練習、培養「四無量心」，也稱「四梵住」，也能幫助眾生獲得平穩、柔軟的心態品質。

二、四念住

念住的修習，是一條使眾生滅除煩惱與苦，直達解脫的道路，也是實踐佛法重要的基礎。透過純然地安住於隨觀身、受、心、法，能夠使修學者收攝放逸的心念，遠離「戲論」，進而引生洞見無常、苦、無我的智慧。

因此，經典中也曾指出四念住的修習，是八正道中「正念」的詳細開展。換句話說，修習四念住，就是行走在通往解脫的中道上。

《念住經》中也指出，若能精勤地修習四念住七年、七個月，甚至是七天，便有可能證得阿羅漢果或不還果。

念住的教導，既有著較為深刻、微細的禪修指引，但也包涵了各種日常生活中的動作與行為。這顯現了在佛陀的教導中，即使是尋常生活中的每一刻，都是修學者精進修行的時機，能從中明白現象的生滅，體驗無常、苦與無我，以斷除無明與渴愛。修行與生活，並非彼此別異。

（一）身念住

《念住經》中，以六個段落教導身念住，也就是安住於隨觀身體的修習：

1. 覺知出入息

覺知出息與入息，也就是「觀呼吸」。在樹下、空屋等寂靜處，結跏趺坐，端正其身，並繫念在前，觀照出息、入息，清楚地覺知出入息的長與短。

從出生的那一刻開始，呼吸便伴隨著生命進入世間。但是我們往往未能留心呼吸，更不用說覺知呼吸的種種細節，和呼吸與心念的關聯。

靜靜地，保持清楚來貼近、觀看、覺知呼吸，平日攀附外境的心念，也能夠慢慢地收攝回當下的呼吸，穩固且深刻的專注力與觀照力，也能夠被鍛鍊出來。

隨著修習純熟，修學者的呼吸將漸趨細微，身心也漸趨平穩、寧靜。經常地練習觀呼吸，對於修學止觀的進展，能有相當大的助益。

心｜道｜法｜語

做人最大的煩惱，就是會有是是非非、善善惡惡的分別取捨，也就是這些是非、善惡的分別取捨，讓我們內心失去平衡。但專注在呼吸上的

時候，有沒有善惡呢？有是非嗎？這時只有兩樣東西：一個是「呼吸」，一個是「知覺呼吸」，只有不斷地堅固警覺、省察這兩樣東西，堅固到讓你的心，真的非常平靜安定，然後我們才能進入更細膩的修法，再來就是能夠超越呼吸，而能夠進入內心的實相。

2. 覺知身體的姿態

行走時，覺知自己正在行走；站立著、坐著、躺臥著的時候，也一一清楚覺知自己正站立著、坐著、躺臥著。不論當下的身體處在如何的姿態、姿勢，也都清楚地覺知。

匆忙、緊湊的生活，使人們的心念，總難以停留在當下的此時此刻——坐在椅子上，卻不耐煩地只想著待會兒的行程；走在路上，內心卻為了行程遲了而焦急不已；站在車上，也只想到眾多的待辦事項，不自覺地感到煩躁。這些由失念而來的煩惱，都是生活中很容易體會到的經驗。

經常地將這些散失的心念收攝回來，在生活中的一切時刻，提醒自己覺知身體當下的姿態，是一個實用，隨時隨地安定身心的指引。

3. 具備正知而行動

生活中，有著各式各樣的動作：前進、返回、向前觀看、向旁觀看、屈伸四肢、穿衣、持衣、飲食、咀嚼、嚐味、大小便、行、住、坐、臥、睡眠、醒寤、言語或保持沉默。

佛陀教導，應具備著「正知」來進行這些動作。根據祖師的解釋，正知的一個重要面向，是修學者心中明白，從事這些行動，既非漫無目的，亦非為了追逐欲樂，而是為了推進道業而行。

正知，也意味著有意地收攝心念，以和緩、莊嚴、具有威儀的方式來進行。明白這一點之後，可以將生活中的一切動作，都視為禪修練習來操作。

4. 觀察身體充滿不淨的成份

在外皮的包覆下，眾生往往將身體視為清淨、美麗、可愛的，從而帶來執取與過患。為此，佛陀教導弟子們，應仔細地去觀察這個身體的組成，其實在當中，充滿著各類不淨。

如同一個兩端具有開口的袋子，裡頭封裝著許多不同種類的穀物一般，人的身體有著：種種體毛、指甲、牙齒、肌肉、筋腱、骨骼與骨髓、心、肝等內臟，以及

糞便、膽汁、痰、膿、唾液、鼻涕、尿液等體液。當把
這些成份都展開來，細細檢視之後，是否還能輕易地認
為身體是清淨、美麗、可愛的呢？

就像一位視力良好的人，打開充滿穀物的袋子之後，
便能夠去分辨、檢視當中不同類的穀物，佛陀教導弟子
們也如此地就著身體，一一地去檢視這些不淨。這樣的
檢視，能夠鬆動身體是堅實的，或者身體是美好的這類
想法，減消對身體的貪染。

5. 觀察身體由四界組成

眾生色身的積聚，是由地界、水界、火界、風界等
四類性質共構而成的。前述觀察身體充滿不淨中所提到
的身體部份，固體的體毛、指甲、骨骼、肌肉等，可以
涵攝於地界，而膽汁、唾液、尿液等體液，則可以涵攝
於水界。

更精細地來看眾生身體的運作，還包括了火界，如
身體具有的體溫，與消化作用；也有象徵「動」的風界，
包括了眾生呼吸氣息的流轉、血液的循環等。

隨著觀察、檢視身體的這四大性質，以及與其相關
的組成、運動，能令修習者逐步地明白有關身體的一切性
質，不過都是四大的因緣聚散，是無常、苦，更是無我的。

心｜道｜法｜語

觀照身體是不清淨、汙穢的，不要執著在這上面。其實，身體只是一件肉衣服，穿了人的衣服就叫人，穿了狗、魚、螞蟻、鳥的衣服就叫狗、魚、螞蟻、鳥。所以，不要執著身體就是「我」，這只是一件穿在身上的肉衣服。

6. 將身體與逐漸腐化的屍體做對照

在《念住經》中，提到了屍體腐化的九個階段，也稱作墓園九相。[36] 佛陀教導弟子們透過觀察屍體腐化的這九個階段，並且思惟當前所謂的身體，也難逃如此腐化的過程。

佛陀教導弟子，在每個階段都將自己的身體，與這樣的腐屍做類比。明白現前的肉身，在未來和所觀察的腐屍，並沒有兩樣。儘管是再美麗、健康的身體，也都

36　這九個階段分別是：
　　(1) 初死時，屍體膨脹、顏色青瘀、生起膿爛或流出體液。
　　(2) 屍體遭到鳥、野獸、蛆蟲等生物所食。
　　(3) 成為一具仍帶著血肉，和連接骨骼的筋腱的骸骨。
　　(4) 肉已消失，仍有血跡與筋腱的骸骨。
　　(5) 血跡與肉皆已消失，仍有筋腱連結著骨骼的骸骨。
　　(6) 連結骨骼的筋腱也消失，各式各樣的骨頭散亂各處。
　　(7) 骨頭逐漸成為螺貝那樣子的白色。
　　(8) 過了一年有餘，只成為一堆骨頭。
　　(9) 骨頭皆已崩壞、腐化，成為骨粉、塵土。

不可能脫離這逐漸破敗、消散的命運。

這種觀察，一方面能大幅地降低對身體的貪執，另一方面，隨著明白一切世間的事物，最終都將隨著這屍體腐化的過程而灰飛煙滅，也能夠有效地對治「我慢」的煩惱。

（二）受念住

在認識「五蘊」時，我們已學習到「受」，指感官接觸外境時，產生的種種苦、樂、不苦不樂等感受。種種的受，就如同水泡一般，總在快速地生滅變化。

苦受、樂受、不苦不樂受，很容易增長、激發對應的隨眠煩惱，推動眾生後續業的造作。這也就是在十二因緣中，為何教導受由觸而起，並能夠推動後續愛、取、有等支的生起。

正因受具有這樣的特性，反而很適合轉化成修行的切入點。佛陀在經典中，就曾經如此教導其子羅睺羅，如實地觀察感受：

樂受所受時，則不知樂受，
貪使之所使，不見出要道。

苦受所受時，則不知苦受，

瞋恚使所使，不見出要道。

不苦不樂受，正覺之所說，

不善觀察者，終不度彼岸。

比丘勤精進，正知不動轉，

如此一切受，慧者能覺知。

覺知諸受者，現法盡諸漏，

明智者命終，不墮於眾數。

眾數既已斷，永處般涅槃。[37]

　　如果沒能清楚地覺知感受，眾生往往就依著既往的
習慣，對感受以渴愛、厭拒的方式面對，產生煩惱與執
取。練習受念住，便要在種種樂受、苦受、不苦不樂受，
或是有別於一般世間的種種感受生起的時候，都清楚地
隨觀、覺知，以避免這些延伸的過患。

　　正如經中所說：「樂受不放逸，苦觸不增憂，苦樂二
俱捨，不順亦不違。」[38] 這樣的教導，不是要學習者壓抑
生起的樂受，或違抗痛苦的感受。透過隨觀感受，過往隨
樂受生貪、苦受生瞋、不苦不樂受相應於癡這樣的慣性，
也能夠因為覺知受的生滅與無常，而慢慢地得以擺脫。

37　《雜阿含經・第 468 經》(CBETA, T02, no. 99, p. 119, b23-c4)

38　《雜阿含經・第 470 經》(CBETA, T02, no. 99, p. 120, b8-9)

所謂「觸景生情」，一般人碰到什麼情境，就會反射出什麼樣的心情，因為你一「觸」就生「受」。已經有「受」，就會有「想」、「行」，就有「業」。但禪修保衽在當下，不落入受、想、行，不管遇到什麼境相，也不會去反射什麼。

（三）心念住

對於未經鍛鍊的眾生而言，心念，就猶如獼猴在樹林間擺蕩前行一般，才剛捨棄一條枝條，立刻就攀捉上了下一條枝條，不斷地生滅、變動。

心的生滅、變動，相當快速且不易察覺。在缺乏覺察的狀況下，眾生容易就生起邪見、渴愛或是我慢等戲論。透過將念安住於隨觀心念，時時刻刻來覺知心念的狀態，能夠使心回到當下，也就是「離戲」，而讓心脫離雜染與污垢，散發清淨光明。佛陀在經典中這樣教導：

比丘們！此心是明淨的，但被外在的垢穢所污染。無知的凡夫不能如實了解這點，因此我說：『無知的凡夫沒有修心。』

比丘們！此心是明淨的，而得解脫外在的垢穢。多聞的聖弟子如實了解這點，因此我說：『多聞的聖弟子有修心。』 [39]

我們可以覺知當下的心的狀態嗎？隨觀心念，指的是在心念帶有貪的時候，便清楚覺知這帶有貪的心念；若心念帶有瞋，便覺知這帶有瞋的心念；若帶有癡，也能覺知這帶有癡的心念。

反之，當心念不帶有貪、瞋、癡，或已經離於貪、瞋、癡的時候，也都如此地一一清楚了知。

用這樣的方式，修習者在各式各樣的心念現前時，皆是如此觀照、了知。隨著修習的進展，將能夠讓修習者不再只是迷迷糊糊、不知不覺地在虛妄的執取中度過一生。

心｜道｜法｜語

我們通常深陷在思緒雜態中，耗盡心神，不能凝貫一事，更遑論專注一心於呼吸氣息上。因為這時「我」把心中浮起的思緒當作是「我」的一部分，「我」與這些念頭糾纏不止，認假作真，假戲真作，沒完沒了，一路下去，然後「我」

39　《增支部經典‧1集‧第51經》，關則富譯。

用這些製造加工的念頭，自得其樂，自編自導，不斷地去生活，虛妄了一生，輪迴不休。然而，練習靜坐時，我們慢慢會發現這個自我的「夢工廠」，原來一切憂悲苦惱、喜怒哀樂、生滅變異，不過都是心念執著造作而來。我們一直誤把這些當作是「我」，認假作真，事實上，修行不過是揭開「心」的戲論，認取真相而已。

（四）法念住

法，可以指一切現象，或指佛陀的教法。

這兩者，並非彼此別異。佛陀的教導，正是要修學者能夠通達一切現象的道理，而不迷惑。因此，在生活中，隨時憶念佛陀教法，並依此觀照世間、出世間的一切現象，便是法念住的修習。

《念住經》中，由以下五組法目，講解法念住的修習：

1. 五蓋

透過禪修，能夠使心專注、明淨，以獲得智慧。但在練習禪修的過程中，經常會有障礙出現。經典中，教導了「五蓋」，也就是學習者在練習的過程中常會遇到的五類問題。

蓋，有「遮止」的意思，也可以用「遮蓋」來理解。其所遮蓋的，正是清淨、光明的心。五蓋分別為：

貪欲：對於感官享樂的欲求。

瞋恚：對於逆境的憤怒、瞋惱。

昏沉、睡眠：身心疲重，具有睡意，無法繼續精進修行。

掉、悔：指「掉舉」與「憂悔」。前者指心的躁動、浮動不安；後者指對過去所作的後悔、追悔。

疑：懷疑、疑惑。

隨觀五蓋，意指當五蓋出現、未出現在內心時，都如實地覺知；對於未生的五蓋，是如何生起的，也如實地覺知；對於已生的五蓋應如何斷除，如實地覺知；對於已經斷除的五蓋，如何使其在未來不再生起，如實地覺知。

對於五蓋的隨觀和斷除，對於修習禪修與達到覺悟而言，是非常重要的。經典中，佛陀曾用黃金的加工做為譬喻：當一塊黃金中混雜了鐵、銅、錫、鉛、銀等雜質的時候，這塊黃金的延展性、光澤、硬度等等，比起純金來都會大打折扣。當能夠把黃金中的雜質一一去除，

便能隨心所欲地將其加工成為王冠、耳環、項鍊等美麗的飾品。

五蓋之於心，如同雜質之於黃金：唯有去除了五蓋這些心的雜質，才能夠讓心如黃金般清淨、柔軟，易於用來發展智慧，斷除煩惱。[40]

2. 五蘊

對眾生的身心五蘊，如實地覺知，對於獲得智慧是十分重要的。五蘊的教導，在先前已經以相當多的篇幅介紹，在此暫且省略。

佛陀教導修習者，應如實地覺知五蘊、五蘊之集起，以及五蘊之消散。這樣的覺知，能夠導向通達五蘊的無常、苦與無我。

3. 內、外六入處

十二支緣起中，曾經提到過「六入處」的教導。眾生因具備了六入處，才得以形成知覺，進而有了感受、渴愛與執取。為了如實地明白知覺的形成，對於六入處的觀察，也是佛陀教導的重點。

40　《增支部經典・5集・第23經》(CBETA, N21, no. 7, p. 20, a2-p. 21, a4 // PTS. A. 3. 16 - PTS. A. 3. 17)

在念住的教導中，佛陀教導對內六入處——六根，與六外入處——六塵，都如實地覺知。更重要的，是要去如實覺知依著兩者生起的繫縛。

並且，亦應覺知未生的繫縛，是如何生起的；已生的繫縛，又該如何地捨斷，以及已經捨斷的繫縛，如何能夠在未來不會再次生起。

如先前的課程所介紹，六根與六塵，兩者並非本來就彼此繫縛，是由於欲貪或是渴愛，才造成了繫縛。這類覺知的練習，為的正是無論外境的好壞，都不會對其生起欲貪，也就能夠從繫縛當中解脫：

世尊眼見色，若好、若惡，不起欲貪；其餘眾生眼若見色，若好、若惡，則起欲貪。是故，世尊說當斷欲貪，則心解脫，乃至意、法亦復如是。[41]

心｜道｜法｜語

◆

我們修行的方法、思惟的東西，都是要進入、安住在覺性光明裡面。如果你不能夠這樣子的時候呢，就會著境生心，心著了境，然後你就跟著境的變化，好壞、美醜、這個感情，就會這樣流動而沾黏了。只要你沾黏下去，就叫做執著、染著。所以禪修當中，叫做不沾黏的心跟覺性，回到覺性做不沾黏的工作，就是回到本來。

---

41 《雜阿含經・第 250 經》(CBETA, T02, no. 99, p. 60, b17-20)

4. 七覺支

七覺支，也翻譯為「七菩提分」。意指能夠導向覺悟的七支法目、要素，包括了：念覺支、擇法覺支、精進覺支、喜覺支、輕安覺支、定覺支、捨覺支。七覺支，能夠有效地對治五蓋，而應當被努力培養。

隨觀七覺支，意指清楚地覺知內心是否具備著這七項覺悟的要素；此外，當具備時，清楚知道應該如何繼續發展圓滿；不具備時，也知道如何令其生起。以下簡介各覺支的意涵：

念覺支：如實、清楚地覺知當下。

擇法覺支：由於具念，而能夠妥善地鑑別善法與不善法。

精進覺支：由於能分辨善與不善法，便能更加努力修行。

喜覺支：由努力修行故，內心生喜。

輕安覺支：由禪定之喜，使身心不沈重、安定。

定覺支：心能專注於所緣境。

捨覺支：由禪定故，心遠離執取，安住於平等。

5. 四聖諦

　　佛陀在人間首次說法，即為五比丘轉動法輪，宣說四聖諦。四聖諦總攝一切佛陀教導的善法，身為佛弟子，應時時憶念四聖諦，依著四聖諦的教法，來檢視世間的種種現象，而非將所學習到的道理束之高閣，置而不用。

　　先前已學習了四聖諦的內涵，這裡不再重述。佛陀教導，對一切法，皆應如實地去以四聖諦觀照，一一覺知「這是苦」、「這是苦的集起」、「這是苦的熄滅」、「這是熄滅苦的道路」。

三、四無量心

　　除了藉由四念住，來建立正念，佛法中還有另外一組修行法目，能輔助修學者建立良好、平穩的心態品質，降伏五蓋，甚至銜接菩提道的修學。即是「四無量心」或稱「四梵住」：慈、悲、喜、捨。

　　經論中，述及修習這四梵住的種種功德，包括了：能睡得安穩、安樂地起床、不作惡夢、為人與非人愛敬、得諸天守護、避免遭遇火燒毒害與刀災、易於入定、面容明淨而光彩、臨終時心不迷亂。[42] 而當四無量心搭配

42　《增壹阿含經・49 品・第 10 經》(CBETA, T02, no. 125, p. 806, a17-b3)

七覺支修習時，更是能夠通達解脫的法門。

以下略述四無量心的意涵、譬喻、能對治的煩惱，以及修習上應注意的偏失。

（一）慈無量心

「慈」，指慈愛。慈無量心，是願自己以至於眾生，皆能得到快樂的心。

在經典和祖師的教導中，慈心是可以透過練習，逐步增廣的。而那五蘊和合，假名施設的「我」，可以說是最近的眾生了。因此，經常透過以下四個願，祝願自己，是培養慈心很好的下手處：

◆ 願我無怨

◆ 願我無瞋恚

◆ 願我無惱苦

◆ 願我照護、保持自己的快樂

這樣的心，如同母親，希望獨子或幼子健康快樂地成長，並給予孩子最好的事物與關愛一般。見《慈愛經》：

猶如母親以生命，護衛自己獨生子，

　　願能如此於眾生，施放無限慈愛心。

　　慈愛遍及全世界，上下地平四維處，

　　遍滿十方無障礙，無有仇恨或敵意。

　　無論行住或坐臥，若是心中覺醒時，

　　應常培育此正念，此乃最高之德行。[43]

　　練習慈心的時候，有時易將慈與貪混淆，反而產生愛染、執取。這一點，可以透過避開容易導致貪著的對象來避免。

　　經常這樣地練習散發慈心的話，能夠有效地對治「瞋」煩惱——當心中充滿慈時，如何同時生起瞋呢？

（二）悲無量心

　　「悲」，指悲憫。悲無量心，是願自己以至於眾生，遠離一切的痛苦的心。悲心，如同母親疼愛她生病的兒子一般，希望他的病能夠早日康復。和慈心類似，可以藉著「我」這位眾生，初步地培養悲心。

　　觀看著當下承受病痛、飢餓、孤獨、貧窮等等逆境的自己或其他眾生，是很容易生起同情與悲憫的心情的。

43　法增比丘中譯。

隨著悲心的發起，能夠對治想要傷害自己或其他眾生的心——「害」。

但是，悲心的發起，有時會和憂苦相應。也就是因為非常想要拔除其痛苦，卻不知道如何是好，或無法如願，於是生起了憂苦。為了避免這樣的狀況，也應搭配無分別、無得失的捨心，來練習如理地發起悲心。

（三）喜無量心

喜，指歡喜、隨喜。喜無量心，是願自己以至於眾生，都不會喪失其獲得的成就、快樂。喜心，如同母親對著正值青春年華的兒子，希望他能夠長久保持這些青春的美好。

當看到他人行善、擁有成就、快樂的時候，對於習慣修習喜心的人而言，就好像自己也享有那份成就、快樂一般。因此修習喜心，能夠對治內心的「不樂」；當以這樣的態度對待他人的成就時，也能很有效地對治「嫉妒」。

不過，要注意別讓這份歡喜過了頭，反而讓心浮動不安，這就失去了修習四無量心的本意了。

（四）捨無量心

捨，指平等、平衡。捨無量心，是指心能夠平等地、

不執取地面對眾生或處境。捨心，如同母親對著已經長大成人，自立謀生的兒子，將只是靜靜地看著他的生活，而不投以特別的關注。

要能夠培育捨心，擁有緣起的正見是非常重要的。由於明白眾生都是五蘊假合的業果相續，或是無自主地處在十二緣起的流轉中，所謂的愛、憎等情緒，在業果的相續中，並沒有真正可愛的，或是能被憎恨的對象，這些虛妄的分別、執著、對立、煩惱，也就能夠慢慢地被捨心克服。

也唯有配合著這樣的捨，才能夠使前面的慈、悲、喜能夠被平穩地培育，而不會落入貪、憂、使心不定的喜悅當中。

捨心的培養必須和不具備智慧、和愚癡相應的捨區分開來。如果缺乏智慧，不明白無常等等的道理，即使表面上看起來沒有愛著、憎恨、分別，還是沒有辦法真正超越境界的。只要境界現前，隨眠的煩惱還是會被喚醒，造成問題。

因此應當培養的，是有智慧的捨，是明白種種現象、境界的無常、苦、變易等等，而能夠真正以不執取的態度，超越種種對立、分別的現象、境界。

心｜道｜法｜語

在這個苦、空、無常的變化裡面，找回自己的覺心——覺悟的心。我們這一盞不昧不滅的燈，就在這裡，就在這裡禪修，不要隨著一切幻滅在跑，不要隨著一切得失在走，不要隨著富貴榮華在走，不要隨著是非在跑。我們要在覺性的光明裡面安住、安息這個心，不要隨著這個苦、空、無常的變化，去受這些無常的苦。

◆ 修習四無量心時，對於對治哪些問題特別有效？
◆ 修習四無量心時，各自有什麼特別的注意事項？

四、總結

長夜輪迴中，眾生很少注意到肩上扛的沉重重擔。佛陀曾教導弟子，應如此觀察、思惟：「我在現在、過去世都為色、受、想、行、識所吞食，如果對未來的色、受、想、行、識樂著，那我也將會繼續為它們所吞食。」[44]

---

44 《雜阿含經・46 經》(CBETA, T02, no. 99, p. 11, c11-25)

隨順著這樣的觀察與思惟，才有可能對五蘊生起厭患之心，離於貪染，走向修行的道路。

四念住與四無量心的修習，是重要的修行下手處。從中，能培養觀照的能力，逐步領略無常、苦、無我的智慧。

汝等自努力，如來唯説示，住於禪定行，可脱魔王縛。

一切行無常，依智觀照時，則得厭離苦，此為清淨道。

一切行是苦，依智觀照時，以得厭離苦，此為清淨道。

一切法無我，依智觀照時，以得厭離苦，此為清淨道。[45]

這樣的修習，不假外求，正是藉由觀照這最親近的五蘊身心，而可以得到智慧。

心｜道｜法｜語

我們生命的存在就像炮灰，稍縱即逝。禪宗有一句：「心外不能求法。」只有感受現下這份覺知的存在，才是最重要。自己感受自己內在的那份明朗；做事的時候，感覺到在做事；走路的時候，感覺到在走路；想東西的時候，感覺到在想東西；靜靜地感覺生活，不要用感覺去分別好壞、是非、善惡。

45　《法句經》(CBETA, N26, no. 9, p. 41, a6-9 // PTS. Dhp. 40)

這種種的學習，要帶領我們明白，所謂的「我」，只是假名施設的，實際上不過是因緣變化、業果相續的。正是借用這個假我五蘊構成的身體，來修學戒、定、慧的解脫之道。

這樣的學習與修持，目的即是轉化無常的、不堅固的五蘊身，成為堅固、清淨的「五蘊」：戒蘊、定蘊、慧蘊，以及解脫蘊，和已明白自煩惱、輪迴中解脫的解脫知見蘊——徹底地斷除渴愛，放下重擔。

> 已捨於重擔，不復應更取，重任為大苦，捨任為大樂，
> 當斷一切愛，則盡一切行，曉了有餘境，不復轉還有。[46]

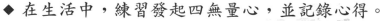

學｜習｜體｜驗

◆ 在生活中，試著練習身念住的前三項練習，並記錄心得。

◆ 在生活中，練習隨觀感受，並記錄心得。

◆ 在生活中，練習發起四無量心，並記錄心得。

46　《雜阿含經‧73 經》(CBETA, T02, no. 99, p. 19, a26-29)

引用格式與巴利原典縮語對照

◎ 引用格式

本書引用《大正新脩大藏經》、《藏外佛教文獻》與《漢譯南傳大藏經》（元亨寺版）的資料出自「中華電子佛典協會」（Chinese Buddhist Electronic Text Association, 簡稱 CBETA）的電子佛典系列光碟 (2016)。引用出處依「冊數」、「經號」、「頁數」、「欄數」、「行數」之順序記錄。引用《漢譯南傳大藏經》時，另附巴利聖典協會（Pāli Text Society, PTS）版巴利三藏出處，依序標記「引用原典」（請參以下巴利原典縮語對照）、「冊數」、「頁碼」以供對照，如：

《雜阿含經‧第 403 經》(T02, no. 99, p. 108, a19-22)

《相應部‧第 56 相應‧第 11 經》(N18, no. 6, p. 311, a10-12 // PTS. S. 5. 421)

◎ 巴利原典縮語對照

A   Aṅguttara Nikāya《增支部》
D   Dīgha Nikāya《長部》
Dhp   Dhammapada《法句經》
Khp   Khuddakapāṭha《小誦經》
M   Majjhima Nikāya《中部》
Mil   Milindapañha《彌蘭王問經》
Vin   Vinayapiṭaka《律藏》
Vism   Visuddhimagga《清淨道論》
S   Saṃyutta Nikāya《相應部》

參考書目

◎ 經典

- 〔東晉〕瞿曇僧伽提婆譯：《中阿含經》（收入《大正新脩大藏經》（中華電子佛典協會電子化 (2016)）第一冊 No.26）
- 〔東晉〕瞿曇僧伽提婆譯：《增壹阿含經》（收入《大正新脩大藏經》（中華電子佛典協會電子化 (2016)）第二冊 No.125）
- 〔東晉〕玄奘譯：《佛說大乘稻芉經》（收入《大正新脩大藏經》（中華電子佛典協會電子化 (2016)）第十六冊 No.712）
- 〔姚秦〕佛陀耶舍、竺佛念譯：《長阿含經》（收入《大正新脩大藏經》（中華電子佛典協會電子化 (2016)）第一冊 No.1）
- 〔劉宋〕求那跋陀羅譯：《雜阿含經》（收入《大正新脩大藏經》（中華電子佛典協會電子化 (2016)）第二冊 No.99）
- 〔隋〕達摩笈多譯：《起世因本經》（收入《大正新脩大藏經》（中華電子佛典協會電子化 (2016)）第一冊 No.25）
- 〔隋〕闍那崛多譯：《佛本行集經》（收入《大正新脩大藏經》（中華電子佛典協會電子化 (2016)）第三冊 No.190）
- 〔唐〕菩提流支譯：《大寶積經》（收入《大正新脩大藏經》（中華電子佛典協會電子化 (2016)）第十一冊 No.310）
- 〔唐〕玄奘譯：《緣起經》（收入《大正新脩大藏經》（中華電子佛典協會電子化 (2016)）第二冊 No.124）
- 悟醒譯：《小部經典·小頌經》（收入《漢譯南傳大藏經》（元亨寺版）（中華電子佛典協會電子化 (2016)）第二十六冊 No.8）
- 悟醒譯：《小部經典·法句經》（收入《漢譯南傳大藏經》（元亨寺版）（中華電子佛典協會電子化 (2016)）第二十六冊 No.9）
- 悟醒譯：《小部經典·自說經》（收入《漢譯南傳大藏經》（元亨寺版）（中華電子佛典協會電子化 (2016)）第二十六冊 No.10）
- 悟醒譯：《小部經典·本生經》（收入《漢譯南傳大藏經》（元亨寺版）

（中華電子佛典協會電子化 (2016)）第三十一冊～第四十二冊 No.18）

• 通妙譯：《中部經典》（收入《漢譯南傳大藏經》（元亨寺版）（中華電子佛典協會電子化 (2016)）第九冊～第十二冊 No.5）

• 通妙譯：《律藏・犍度》（收入《漢譯南傳大藏經》（元亨寺版）（中華電子佛典協會電子化 (2016)）第三冊～第四冊 No.2）

• 通妙譯：《長部經典》（收入《漢譯南傳大藏經》（元亨寺版）（中華電子佛典協會電子化 (2016)）第六冊～第八冊 No.4）

• 通妙、雲庵譯：《相應部經典》（收入《漢譯南傳大藏經》（元亨寺版）（中華電子佛典協會電子化 (2016)）第十三冊～第十八冊 No.6）

• 郭哲彰、葉慶春、關世謙譯：《增支部經典》（收入《漢譯南傳大藏經》（元亨寺版）（中華電子佛典協會電子化 (2016)）第十九冊～第二十五冊 No.7）

• 雲庵譯：《小部經典・經集》（收入《漢譯南傳大藏經》（元亨寺版）（中華電子佛典協會電子化 (2016)）第二十七冊 No.12）

• 鄧殿臣、趙桐譯：《大念處經》（收入《藏外佛教文獻》（中華電子佛典協會電子化 (2016)）第五冊 No.48）

• 關則富譯：《巴利語佛經譯注：增支部（一）》（臺北：聯經，2016 年）

Bodhi, Bhikkhu (tr.), 2000: The Connected Discourses of the Buddha, 2 vols., Boston: Wisdom.

Bodhi, Bhikkhu (tr.), 2012: The Numerical Discourses of the Buddha, Boston: Wisdom.

Maurice Walshe (tr.), 1995: The Long Discourses of the Buddha, Boston: Wisdom.

Ñāṇamoli, Bhikkhu, (et al, tr.), 1995: The Middle Length Discourses of the Buddha, Kandy: BPS.

※ 巴利經典亦對照參考印度「內觀研究所」（Vipassana Research Institute, VRI）出版製作的 Chattha Savgāyana Tipitaka CD-ROM v4.0（簡稱 CSCD）及巴利聖典協會（Pali Text Society，PTS）兩版本。

◎ 論典、古德著作

• 僧伽斯那撰，〔蕭齊〕求那毘地譯：《百喻經》（收入《大正新脩大藏經》（中華電子佛典協會電子化 (2016)）第四冊 No.209）

• 龍樹造，〔姚秦〕鳩摩羅什譯：《大智度論》（收入《大正新脩大藏經》（中華電子佛典協會電子化 (2016)）第二十五冊 No.1509）

• 〔東晉〕失譯：《那先比丘經》（收入《大正新脩大藏經》（中華電子佛典協會電子化 (2016)）第三十二冊 No.1670A-1670B）

• 五百大阿羅漢等造，〔唐〕玄奘譯：《阿毘達磨大毘婆沙論》（收入《大正新脩大藏經》（中華電子佛典協會電子化 (2016)）第二十七冊 No.1545）

• 彌勒菩薩造，〔唐〕玄奘譯：《瑜伽師地論》（收入《大正新脩大藏經》（中華電子佛典協會電子化 (2016)）第三十冊 No.1579）

• 覺音造，悟醒譯：《清淨道論》（收入《漢譯南傳大藏經》（元亨寺版）（中華電子佛典協會電子化 (2016)）第六十七～第六十九冊 No.35）

• 覺音造，葉均譯，果儒法師修訂：《清淨道論》（桃園：中平精舍，2010 年）

◎ 專書

• 香光莊嚴編，《具足正見——悅讀《正見經》》（嘉義：香光莊嚴雜誌社，2006 年）

• 髻智比丘（Bhikkhu Ñāṇamoli）著，釋見諦、牟志京譯：《親近釋迦牟尼佛：從巴利藏經看佛陀的一生》（臺北：橡樹林文化，2006 年）

• 羅睺羅・化普樂（Walpola Rahula）著，顧法嚴譯：《佛陀的啟示》（臺北：慧炬，1991 年）

• 楊郁文：《阿含要略》（臺北：法鼓文化，1997 年）

• 魯柏・葛汀（Rupert Gethin）著，賴隆彥譯：《佛教基本通：佛教的修行路徑導覽》（臺北：橡實文化，2009 年）

• 馬哈希尊者（Ven. Mahāsi Sayādaw）著，鄔天發（U Htin Fatt）英譯，陳永威譯：《負擔經講記》（臺北：佛陀原始正法中心，2015 年）

- 釋印順:《大乘廣五蘊論講記》（電子版本）（新竹:印順文教基金會，2011 年）
- 佛使比丘（Bhikkhu Buddhadasa）著，釋自拙、陳布燦譯:《無我》（嘉義:香光書鄉，1997 年）
- 釋心道:《停心:停止時間 活出自己》（臺北:橡樹林，2012 年）
- 釋心道:《養禪三昧》（臺北:靈鷲山，2007 年）
- 水野弘元著，釋惠敏譯:《佛教教理研究:水野弘元著作選集（二）》（臺北:法鼓文化，2001 年）
- 向智尊者（Nyanaponika Thera）著，賴隆彥譯:《正念之道》（臺北:橡樹林文化，2006 年）
- 向智尊者著，香光書鄉編譯組譯:《法見》（嘉義:香光書鄉，2011 年）
- 帕奧禪師（Ven. Pa-Auk Sayādaw）:《顯正法藏》（台南:台灣南傳上座部佛教學院，2009 年）
- 圖滇悲桑格西著，吳翠雯譯:《掌握緣起，擁抱快樂》（台北:圖滇悲桑格西工作室，2016 年）
- 竹慶本樂仁波切（Dzogchen Ponlop Rinpoche）著，江翰雯譯:《沒有我時我是誰》（臺北:德謙讓卓文化，2012 年）
- 慈濟瓦禪師:《智慧之樹，不返之流——觀禪的修行與進程》（Hoston:休士頓禪修中心，2017 年）
- 一行禪師（Thich Nhat Hanh）著，汪橋譯:《和好:療癒你的內在小孩》（臺北:自由之丘，2012 年）
- 德寶法師（Bhante Henepola Gunaratana）著，賴隆彥譯:《快樂來自四念處》（臺北:橡實文化，2013 年）
- 菩提比丘著，尋法比丘譯:《阿毗達摩概要精解》（新北:慈善精舍，2010 年）
- 釋印順:《印順法師佛學著作全集》（北京:中華書局，2009 年）
- 釋性恩（Dhammajivi）:《巴利學習系列 II:《尼柯耶》選讀》（嘉義:法雨道場，2004 年）
- 無著比丘（Bhikkhu Anālayo）著，香光書鄉編譯組譯:《念住:通往證悟的直接之道》（嘉義:香光書鄉出版社，2013 年）
- 阿姜查（Ajahn Chan）著，賴隆彥譯:《無常》（台北:橡樹林，2006 年）

- 法增比丘著：《慈愛經釋義》（台北：靈鷲山教育院，2015 年）
- 性空法師（Ven. Dhammadipa）：《四無量心》（嘉義：香光書鄉，2004 年）
- 蔡耀明：《佛教視角的生命哲學與世界觀》（臺北：文津出版社，2012 年）
- 蔡耀明：《佛學建構的出路：佛教的定慧之學與如來藏的理路》（臺北：法鼓文化，2006 年）

◎ 工具書

- 丁福保：《佛學大詞典》（臺北：新文豐，1985 年）
- 水野弘元：《パーリ語辭典》（東京・日本：春秋社，1987 年）
- 慈怡主編：《佛光大辭典》（光碟版）（臺北：佛光文化，1997 年）

◎ 期刊與論文

- 菩提比丘：〈非常重要正見經〉，《香光莊嚴》第八十七期（嘉義：香光書鄉出版社，2006 年）
- 關則富：〈注意力在認知歷程的作用：佛教與心理學的比較研究〉，《佛學與科學》第十一期（台北：圓覺文教基金會，2010 年）

無我之道

總 策 劃　釋了意

監　　製　靈鷲山四期教育教材編審會

發 行 人　黃虹如

出版發行　財團法人靈鷲山般若文教基金會附設出版社

地　　址　23444 新北市永和區保生路 2 號 21 樓

電　　話　(02)2232-1008

傳　　真　(02)2232-1010

網　　址　www.093books.com.tw

讀者信箱　books@ljm.org.tw

法律顧問　永然聯合法律事務所

印　　刷　鴻霖印刷傳媒股份有限公司

劃撥帳戶　財團法人靈鷲山般若文教基金會附設出版社

劃撥帳號　18887793

初版二刷　2018 年 6 月

定　　價　新台幣 150 元

I S B N　978-986-95591-0-2(平裝)

國家圖書館出版品預行編目 (CIP) 資料

無我之道 .-- 初版 .-- 新北市：靈鷲山般若出版，2017.10
面；　公分 .--（四期教育）
ISBN 978-986-95591-0-2(平裝)

1. 佛教修持 2. 佛教說法

225.87　　　　　　　　　　　　　106018012

靈鷲山般若書坊

第六章
放下我的重擔

學習目標

- 初步認識捨離重擔的方法：念住。
- 了解修習念住這條道路的特性與其利益。
- 對禪修生起信心、好樂，並著手練習。逐步鬆脫對自我的執取。

❧ 一、捨離重擔

　　身處輪迴中的眾生，往往認為自我是真實存在的，耗費大量心力來維護這個實際上並不存在的自我。這使得眾生的渴愛增長，背負著五取蘊的重擔，流浪生死，無有出期。

　　要斷絕這苦的循環，需要透過禪修來開發如實觀照的能力。這當中，又以正念的培育最為關鍵。正念，指清明地覺知，能夠不帶偏見、清楚、明白地觀照一切身心的現象。如實地了知感官經驗的形成，以及其快速生滅變化，無常與苦的真實樣貌。

這樣，不會再將身心視為是「我的」，也不會再以為有個「我」在看、「我」在聽，或「我」在感受。

正念的這份清楚與明白，破除了與我見相關，橫生的妄想與執著。讓過去帶來苦與束縛的邪見、渴愛、慢這些錯誤的知見與煩惱的勢力消滅，直到不再有機會生起，徹底消失。

為了讓眾生都能如是地捨離重擔，佛陀在經典中，經常教導一組名為四念住的方法，來引領眾生收攝散亂的心，讓心得到清淨，並且培養出解脫的智慧。

四念住，也稱為四念處，是四組培育正念的方法，包括了身念住、受念住、心念住與法念住。分別以身體、感受、心的種種狀態以及世間現象的法理為對象，讓清明的覺知現前與安住。試著於每個剎那，都持續專注在這樣的覺知上。循著這條修習道路前行，慢慢在各種生命的境界現前時，能夠將心定錨，不被煩惱的習性帶走。並終究能夠發現五蘊的無常、苦與無我，由此令渴愛徹底斷除，而放下五取蘊的重擔。

※ 四念住內容略表

身念住	
出入息念	如實覺知氣息的出入。
身體姿態	如實了知當前身體的行、住、坐、臥等姿態。
正知行動	生活中的一舉一動,都保持正知而行。
不淨觀(身分)	觀察身體由種種不淨的部份所組成。
四界	觀察身體由地、水、火、風這四界組成。
墓園九相	將身體與逐漸腐化的屍體做對照。

受念住	
了知當下經歷的感受	樂受、苦受、不苦不樂受;世俗的樂受、苦受、不苦不樂受;非世俗的樂受、苦受、不苦不樂受。

心念住	
了知心的種種狀態	了知心有貪 / 離貪 了知心有瞋 / 離瞋 了知心有癡 / 離癡 ……

法念住
觀五蓋（貪欲、瞋恚、昏沉睡眠、掉悔、疑蓋）
觀五取蘊（色取蘊、受取蘊、想取蘊、行取蘊、識取蘊）
觀六入處（內六處、外六處）
觀七覺支（念、擇法、精進、喜、輕安、定、捨覺支）
觀四聖諦（苦、集、滅、道）

ᔰ 二、走上念住開展的道路

在《念住經》、《大念住經》等經典中，記載了佛陀對於四念住的教導。這些指引，能夠引領學習者不論是在密集禪修中，或是進行世俗事務時，都能練習提起正念，使正念不間斷地生起。

這些教導，照顧了學習者不同的個性、傾向。讓各種根器的學習者，都可以藉由修習適合的禪法，來開發解脫的力量。

《念住經》中，說明了修習念住這條道路的特性與利益。藉著修習四念住構成的「一行道」，能

夠使眾生得到生命的淨化、超越世間的愁與悲、滅除生命中的苦與憂，並且能夠完滿這條轉凡成聖的道路，證悟實相，達於涅槃彼岸。

> 世尊說：「比丘們啊！這是淨化眾生、
> 超越哀愁與悲泣、滅除痛苦與憂傷、成
> 就正理與作證涅槃的一行道，也就是，
> 四念住。」[1]

（一）一行道

經中提到，這條修習念住的道路，是具有種種利益的「一行道」（ekāyana）。這個字詞，也常被譯為「唯一之道」、「直接之道」等等。多樣的翻譯方式，都帶出了這個字詞豐富的涵義。

在過去的註解中，對此提出了五種解釋。這些解釋，都代表了這條道路具備的特性。分別為：

一、不會走上岔路的直接道路。
二、應獨自前行的道路。

1　《中部・念住經》(PTS. M. 1. 55-63), 取自：溫宗堃譯，《從修行到解脫：巴利佛典選集》(VI 正念禪 修),pp. 159-175。

三、由最尊貴的佛陀開拓的道路。

四、只在佛陀教法中生起的道路。

五、歸聚於涅槃的道路。

1. 不會走上岔路的直接道路

首先，一行道是一條讓修行者，不會走上岔路的直接道路。這代表這條道路是能夠直接、快速地抵達目的地，不會導向錯的方向，也不會讓人繞遠路的。

對教法缺乏正確認識時，便很可能用了錯誤的方法來練習。這無異於走上了遠離目標的岔路。舉例來說，有時滿足於投生善趣，只想享用有限的欲樂福報；有時對禪修的目的與方法不夠清楚，只耽溺於愉悅的體驗，錯失了提昇智慧的機會；有時是在修習的半路，就以為自己已經證悟、不需要努力了。

人身難得可貴，一輩子可用的時間與修行的資糧，都不是取之不竭，用之不盡的。因此，如何妥善利用這輩子，不走偏、不繞遠路，就會是修學重要的原則。修習念住的道路，能夠利益學習者，避開危險與曲折，直接地抵達目的地。

2. 應獨自前行的道路

第二個特性是：修習者應於此路，獨自前行。獨自前行，可以進一步分為兩個面向：一個是保持「身寂靜」，另一個是保持「心寂靜」。

身寂靜，指修習時應遠離憒鬧，專注修習。即使參與團體共修時，也避免與人閒聊，遠離無益的言談與紛雜的情境，來保持專注與平靜。

心寂靜，指修習時，應避免讓心與煩惱結伴同行。諸如貪、瞋、昏沉等等，都是在禪修時應捨棄的伴侶。伴隨著這兩種寂靜，禪法的修習就能夠不斷地進步。

3. 由最尊貴的佛陀開拓的道路

第三，這條道路，是由最為尊貴的佛陀所開拓而成。佛陀並不是因為擁有權力、財富、地位而尊貴。是因為累世累劫，圓滿地持守淨戒，修習定、慧，不只斷除自身煩惱，更能成就菩提願行，用所證悟的法來圓滿利益眾生，才稱為尊貴。

4. 只在佛陀教法中生起的道路

第四，是這條道路只在佛陀的教法中生起，離開了這樣的教導，便無法尋得這樣的聖果。

5. 歸聚於涅槃的道路

最後，一行道是一條歸聚於涅槃的道路。四念住的禪法修習，包含許多的修行方法，一一順應著眾生的不同根器，適切地將學習者導向涅槃。這就像來自四方的商人，帶著貨物從東、西、南、北等不同的城門，進城做生意。雖然他們進城的方位、入口不同，所抵達的卻是同一座城市。四念住的修習也是如此，能令眾生培養銳利、穩固、不間斷的正念，獲得智慧，朝著涅槃穩健前進。

想一想

* 在這五個特性當中，一行道的「一」各自有什麼意涵？

（二）修習念住的功德利益

順著這條道路持續修學，能獲得諸多利益。也就是《念住經》中提到的：「淨化眾生、超越哀愁與悲泣、滅除痛苦與憂傷、成就正理與作證涅槃。」

1. 淨化眾生

淨化眾生，指修習念住，能夠去除遮蔽眾生心性的煩惱污垢。

佛陀教導，眾生的心本自光潔、明亮，只是被如塵如垢的各種煩惱給覆蓋了。若能澄淨這些煩惱，則眾生的生命自然也就成為清淨、無垢的了。

> 此心長夜染於貪欲、瞋恚、愚癡。諸比
> 丘！因心受染故，眾生受染；心淨故，
> 眾生淨。[2]

---

2 《相應部經典．第 22 相應．第 100 經》(CBETA, N15, no. 6, p. 213, a13-14 // PTS. S. 3. 151)

四念住，就像是心的清潔劑，可以幫助眾生軟化、減少，乃至徹底去除心的煩惱污垢，不再讓煩惱牽引眾生造作身、口惡業，讓生命遠離痛苦，故說能夠「淨化眾生」。

心道法師語錄

混亂的心就像不斷搖晃著、混濁的水，

而禪修可以淨化人心。

經過禪修之後的心不再混亂，
就像水不再搖晃，並逐漸清澈。

2. 超越哀愁與悲泣

哀愁，是內心的哀傷、愁苦。悲，則是因內心的愁苦而悲號出聲。這兩者，都是身處輪迴的生命中常見且難以避免的苦痛。修習念住，能令心不再受到愁、悲的控制，甚至是更進一步地超越愁、悲。

從許多修學成就者的生命歷程，我們可以見得修學念住，如何在面對極大的愁與悲時，還是能不陷入絕望，為生命找到出路。舉例來說，在佛陀的

時代，有位被譽為持律第一的長老尼，名叫波羅遮那。這位波羅遮那長老尼在出家前，是位富家的千金小姐，卻因喜歡上了家中的男僕，而和男僕一起私奔了。

波羅遮那就這樣，和過往的家僕結成了連理，靠著砍柴與販賣柴薪維持生計，過起了貧寒的生活。之後，波羅遮那懷了孕，分娩在即時，她向他的丈夫提出了要求，希望丈夫可以陪伴她回到家鄉待產。

只是，波羅遮那的丈夫聽到這樣的要求後，十分懼怕自己會遭到過往的主人嚴懲。總敷衍地說：「改天再送妳回娘家」、「再等幾天吧！」

儘管波羅遮那能夠體會丈夫的心情，思鄉之情卻使她無法繼續空等。某日她趁丈夫外出時，偷偷離了家，踏上返鄉待產之途。她的丈夫回到家後，發現妻子不見了，便焦急地向鄰居打聽。一問之下，才知道妻子已自行返鄉，便急忙地追了出去。

先一步離家的波羅遮那，還沒能回到父母家，就在路途中生下了嬰兒。丈夫隨後趕到，見到母子

二人，便勸她說：「既然孩子已經生下了，那就沒有回娘家待產的必要了，我們回家吧！」

後來，波羅遮那懷了第二胎，再次想要回到娘家待產。丈夫依舊不改推拖拉遲的態度。這次，波羅遮那只好一手牽著剛會走路的大兒子，一手捧著大肚子，二度踏上了返鄉之路。

波羅遮那這次，還是沒能來得及回到家鄉。在半途，便又即將分娩。這時，丈夫追了上來。在下著滂沱大雨的雨夜裡，見到了妻兒們，打算整理一塊乾淨的地方，讓波羅遮那順利生產。沒想到，卻因此被毒蛇咬了一口，中毒而死。

不見丈夫回來的波羅遮那，獨自產下了第二個孩子。隔日一早，才發現丈夫的屍體。此時的她心想，就算回到過去和丈夫居住的村莊，也已經沒有依靠了。波羅遮那只得繼續啟程，帶著兩個孩子返回位於舍衛城的娘家。

沒想到，一夜的大雨，使得返家必經的河水暴漲。波羅遮那無法同時帶著兩個孩子一起過河。她當下想了想，決定先帶著嬰兒渡河，再回頭接大兒子到對岸。

順利地將小嬰兒帶到對岸之後，波羅遮那再次地踏入河中。在她回到河中央時，一隻老鷹從天空俯衝而下，一把將在對岸的小嬰兒給攫走了。波羅遮那見到此景，在河水中舉起手來，用力地拍擊、揮動與喊叫，希望能嚇走老鷹，卻只是徒勞無功。

　　沒想到，岸邊的大兒子看到母親在河中央大力拍掌、揮手、喊叫，以為是在呼喚他，便撲通一聲跳下水中，而立刻被湍急的河水沖走。

　　才失去了丈夫，又接連失去了兩個孩子。波羅遮那傷心欲絕地哭喊，承受著莫大的苦痛。

　　之後，她遇見了一位從舍衛城來的路人，便向路人探聽老家的情況。路人告訴她，她正在尋找的老家，在昨日的滂沱大雨中，已經被崩塌的土石、泥漿給掩埋了。波羅遮那故居內的父母、大哥，都沒能從這場災難中生還。

　　短短一夕間，丈夫、兩個兒子，親近的家人們全都離開了人世。連老家都不復存在。接續不絕的噩耗，令波羅遮那無法承受如此重大的打擊，陷入顛狂。最終精神恍惚、衣衫不整地，在城中遊蕩。

一天，波羅遮那經過了佛陀所在的祇園精舍附近。當時的佛陀正在精舍中對著四眾弟子們說法。佛陀遠遠地看見了波羅遮那，突然停止說法，呼喚著：「波羅遮那，請妳上前來。」

　　波羅遮那聽到佛陀慈藹的叫喚，便隨著聲音，慢慢地來到了佛前。現場的人注意到這位精神恍惚的女子，身上一絲不掛。一位在座的男子，將自己身上的衣物脫下，給波羅遮那遮羞蔽體。此時，佛陀對波羅遮那宣說了一個偈頌：

> 非子能救濟，非父或親戚，
> 若為死所牽，親族莫能濟。
> 智者明此理，守持於淨戒，
> 疾速除諸障，直達涅槃境。[3]

　　其實，佛陀明白波羅遮那在過去世，早已累積了深厚的修行基礎。儘管當前由於承受極大的悲苦，陷入顛狂，卻也如含苞待放的睡蓮，只待陽光探頭而綻放一般，正是從極大的苦境中，綻放智慧的時刻。

3　偈頌出自《小部經典．法句經．第 288-289 偈》(PTS.Dhp.42)，法增比丘中譯，《南傳法句經新譯》p.46。 故事參考 Weragoda Sarada Thera, Treasury of truth : illustrated Dhammapada, pp. 494-497;1167-1169(1993).

這偈頌的內容，對應著波羅遮那的生命經歷。波羅遮那聽到偈頌後，狂亂的心立刻被現前的正念給取代。她隨著佛陀朗誦偈語的聲音，觀照內心。當下明白到：一切原本認為是恆常的事物，其實都是無常、是苦的。更因此生起了無我的智慧，明白一切的現象都依因緣而起，也隨因緣消散而滅，是誰也主宰、遏止不了的。

　　就這樣，波羅遮那在當下證得了初果──須陀洹果，成為預流聖者，並隨佛出家修道。之後，藉由努力地修習念住，在當世就證得了阿羅漢的果位。

3. 滅除痛苦與憂傷

　　苦，指由肉身感受到的苦；憂，則代表從內心而起的苦。當面對著身、心的巨大痛苦時，念住的修習也有莫大的功效。

　　在過去，曾經有一位戰無不勝，奪得黃金錦旗的拳擊手，拋下了世間的榮耀與地位，走上了出家修行的道路，被人們稱為金拳鬥士長老。從這位長老的故事中，也可見得修習念住的利益。

這名鬥士，在某次前往錫蘭國，接受錫蘭國王的表揚之後，偶然經過一座涼亭。在涼亭旁，他聽到有位僧團的長老正依著佛陀的教導，對比丘們開示：「比丘們！色法非我所，應當去除對色法的執著。若能去除對色法的執著，在茫茫長夜中得利益。」

過去未曾輸過任何一場比賽的金拳鬥士，宿世修行的因緣，在此刻得以成熟。儘管他擁有無比強壯的肉體、無人可敵的格鬥技術，仍深深地被這段開示撼動了內心。他深入地思惟這段法語背後的意義，折服了自認無所不能的傲慢，毅然決然地捨下一切，出家修行。

長老出家後，有著堅固的道心，相當勇猛精進。他經常以經行作為修行方式，當腳受傷無法站立行走時，就改用膝蓋跪地的方式來繼續趴著經行。某晚，長老如此趴著經行時，由於夜色昏暗，竟被獵人誤認為花鹿，中了獵人擲出的標槍，被標槍貫入了身體。

受了這樣的重傷，理應遭受劇烈的身苦與心苦，而難以忍受。但長年精進經行的長老，只是將

標槍拔出身體，並用草葉捆成球狀，簡單包紮了傷口。之後便轉而坐在岩石上，更加精勤地修習禪法。不久後，他就證得了阿羅漢的果位。

許多僧團的比丘，聽到了長老受傷時的咳嗽聲，紛紛趕來查看。長老對著這些前來關心的比丘們開示：「比丘們啊！此色法非我所有。」這句法語，正是當時佛陀在《無我相經》中對著五比丘所宣說的內容。如今金拳鬥士長老也實際地體證了這樣的教法，以此降伏痛苦，並對著比丘眾傳承了佛陀的教誨。

4. 成就正理、作證涅槃

除了能夠擺脫處在人世的愁、悲、滅盡各種苦與憂，修習四念住最核心的利益，便是訓練心不再以渴愛、貪求的方式，對世間攀緣、執取。這能令眾生出離世間，完成離苦的道路：八正道，這就是所謂「成就正理」的利益。

如《念住經》提及，凡是修習四念住者，依著不同的學習因緣和階段，長者七年，短者則只須七天，在這一輩子，便可親自體證涅槃或證得不還果。這是「作證涅槃」的利益，因此為佛陀親口保

證，並非遙不可及的夢想。是希望離苦得樂的佛法學習者，都能夠以精進修學達到的目標。

🐚　三、總結

長夜輪迴中，眾生鮮少注意到肩上扛的沉重重擔。佛陀曾教導弟子，應常常如此觀察、思惟：「**我在現在、過去世都為色、受、想、行、識所吞食，如果對未來的色、受、想、行、識樂著，那我也將會繼續為它們所吞食。**」[4]

隨順著這樣的觀察與思惟，才有可能對五蘊生起厭患之心，離於貪染，並且走向修行的道路。

為了令眾生能不再被這五取蘊給束縛，佛陀教導了四念住的修習。這樣的修學，構築了一條令眾生的生命得到清淨、超越愁悲、滅除苦憂，成就正理和作證涅槃的「一行道」。這條道路，以正念的訓練為核心，具備著無岔路等特性，是佛陀為眾生帶來的珍貴禮物。藉著安住觀照身體、感受、心念，以及以法理觀照世間現象，鍛鍊清明的覺知：正念。這樣的修習，不假外求，正是藉由這近在眼前的五蘊身心，做覺察當下的觀照訓練。

4　參《雜阿含經．第 46 經》(CBETA, T02, no. 99, p. 11, c11-25)

心道法師語錄

　　我們生命的存在就像炮灰，稍縱即逝。禪宗有一句：「心外不能求法。」只有感受現下這份覺知的存在，才是最重要。自己感受自己內在的那份明朗；做事的時候，感覺到在做事；走路的時候，感覺到在走路；想東西的時候，感覺到在想東西；靜靜地感覺生活，不要用感覺去分別好壞、是非、善惡。

　　從觀照中來認識、訓練，進而調伏心，在一切生滅、變動的現象中，將心定錨，保持覺知、清楚與明白。由此，認識五蘊的無常、苦與無我，明白到所謂的「我」，只是假名施設的。實際上，有的只是隨著因緣變化、業果相續的身心現象。如經典所言：

> 一切行無常，依智觀照時，
> 則得厭離苦，此為清淨道。
> 一切行是苦，依智觀照時，
> 以得厭離苦，此為清淨道。
> 一切法無我，依智觀照時，
> 以得厭離苦，此為清淨道。[5]

5　《法句經》(CBETA, N26, no. 9, p. 41, a6-9 // PTS. Dhp. 40)

雖然這身體，是由五蘊共構，既無常也不堅固，卻可被運用來修學戒、定、慧的解脫之道。換句話說，運用得當時，這個無常的五蘊身，是能夠被轉化成為堅固、清淨的「五蘊」：戒蘊、定蘊、慧蘊、解脫蘊，和已明白自煩惱、輪迴中解脫的解脫知見蘊。這樣地來徹底地斷除渴愛，放下生死重擔。

> 已捨於重擔，不復應更取，
> 重任爲大苦，捨任爲大樂，
> 當斷一切愛，則盡一切行，
> 曉了有餘境，不復轉還有。[6]

學習體驗

· 念住構成的道路，有哪些特性？

· 修習四念住，可以帶來哪些功德利益？

· 心力低下或妄念紛飛時，我是否能熟練地運用方法，提起正念來覺察？

6　《雜阿含經 . 第 73 經》(CBETA, T02, no. 99, p. 19, a26-29)

第七章　四無量心

學習目標

· 了解四無量心如何能協助捨離重擔，並提昇我們與眾生的關係。
· 熟悉四無量心的樣貌，並能在生活中熟練地令其生起。
· 心常與慈、悲、喜、捨相應。

❧　一、四無量心總說

　　要放下五取蘊的重擔，脫離輪迴，需要如理地修習禪修去鍛鍊心，與增進觀照力。慢慢避免被生滅變化的感受牽著走，讓苦因渴愛無法得到滋養。

　　經典中，除了透過念住的教導之外，也常以四無量心的教導，作為調伏、訓練心的方法。這套方法，有助於遠離自我中心的思惟方式，不再總以自我的利益，作為看待事物的出發點。也對於我們在生活中與眾生相處、去學著用更好的方式面對眾生很有幫助。

四無量心，也稱為四梵住，是四種清淨、良善的心態。分別是：

　　慈心：願眾生皆能得到快樂。

　　悲心：願眾生遠離一切的痛苦。

　　喜心：願眾生不會喪失其獲得的成就、快樂。

　　捨心：心能夠平等、不執取地，來面對眾生或處境。

1. 無量與梵住的意義

　　稱為「無量」，是因為慈、悲、喜、捨，能夠以無量的眾生作為對象，沒有任何的侷限、限制。相較之下，狹隘的心量，在有個自我的見解與渴愛的束縛之下，便只能在意與自己親近的範圍。四無量心，卻可以破除這樣的限制，能以涵括六道的無量眾生為目標，因此稱為無量。

　　這些心也稱「梵住」。梵，指神聖、清淨的，或像梵天一樣的。住，指居住、居止。論典中提到，這四種心因為有「最勝的」與「清淨無垢的」的特性，因此能夠稱為梵住。[1] 最勝，意味著四無量心是面對眾生最好的方式或態度；清淨無垢，則指這

1　《清淨道論．說梵住品》(PTS.Vism.320)

樣的心與梵天天神們一樣清淨、沒有過失。修習梵住，便是反覆親近這四種崇高、清淨的心，經常生活在其中。

2. 修習功德

在生活中多培養這些清淨的心，既能幫助累積布施、供養等福德資糧，也能更容易地持守不殺生、不偷盜等戒律。許多經典中，都提到了修習慈心能夠帶來的功德利益。[2] 於論典中，則也提及培育悲心、喜心、捨心，同樣能得到這些好處。[3] 這些利益分別有：

1. 能睡得安穩。
2. 安樂地起床。
3. 不作惡夢。
4. 為人愛敬。
5. 為非人愛敬。
6. 得諸天守護。
7. 避免遭遇火燒毒害與刀災。
8. 易於入定。
9. 面容明淨而光彩。

2　《增支部經典 . 11 集 . 15 經》(PTS.A.5.342)
3　《清淨道論 . 說梵住品》 (PTS. Vism. 315-317)

10. 臨終時心不迷亂。

11. 身壞命終，生梵天上。

除了能帶來這些利益之外，佛陀在世時，也經常以四無量心作為禪修的引導方法。學習者能藉此訓練出深刻的定力，對治煩惱，甚至是再用以培育解脫的智慧。是以，修習四無量心，同樣能幫助我們放下生死的重擔。

經常練習、習慣用這四無量心來生活，更能接軌未來的般若、法華、華嚴各期的學習，也就是銜接上菩薩道的修學。四無量心，能夠作為堅實的基礎，支持菩薩道的行者，履踐菩提道路，令一切眾生得到安樂與離苦。

❧ 二、四無量心的內涵

（一）慈心

慈心，指願一切眾生，能夠得到快樂的心。《慈愛經》裡形容，這種心就像是母親疼愛自己的獨生子一般：

猶如母親以生命，護衛自己獨生子，

願能如此於眾生，施放無限慈愛心。[4]

　　就像純淨的母愛，將不惜以生命照顧自己的小孩，希望他順利地成長與快樂。以慈心對待眾生，就像是以這樣無私、源源不絕的母愛，來希願眾生得到快樂。

1. 對治的煩惱

　　培育慈心，能直接對治瞋心。這是因為慈與瞋的性質是互斥的。當我們對某人生起瞋心的當下，不會希望他獲得快樂。因此，這兩種截然不同的心，不會在同一時刻出現。多修習慈來對治瞋，不只能斷絕因瞋所起的身、口惡業，帶來個人生命的提昇，也對人與人之間的相處，能有很大的幫助。

2. 應避免的心態

　　培養慈心的過程中，要注意避免落入貪心。慈，是真心關懷、同理這個對象，希望對方得到快樂。但貪則是想要滿足自己的欲望，執取著眾生。在練習希望眾生快樂時，要明辨這兩種不同的心的

4　法增比丘中譯，《慈愛經釋義》p.14。

差異，同時配合著後續的捨心，避免讓自己陷在這種對眾生的貪愛當中，或是因為方向錯誤，而讓彼此產生更多的愛染跟執取。

3. 如何培養慈心

培育慈心，可分為廣泛，沒有特定對象的方式，以及具有特定對象的方式。廣泛散發慈心的方式，可透過誦念以下的三個願來練習：

願一切眾生幸福。
願一切眾生安穩。
願一切眾生安樂。[5]

安穩的意思，是安全、安逸，免於遇到危險或困難；幸福與安樂，則可指眾生在身體上，心理上都是健康快樂的。這樣一邊誦念文字，一邊發起真實與慈相應的心。

若一開始難以散發這樣廣大的慈心，則可練習由特定對象，培養慈心的方法。首先，透過誦念以下這四願，來對自己散發慈心：

5　這三個願，來源是《慈愛經》的經文內容："Sukhinova khemino hontu, sabbasattā bhavantu sukhitattā." 法增比丘中譯為「應常散發慈愛心，惟願眾生得福安。普願一切諸眾生，心常喜悅住安樂。」另譯「願諸有情有幸福、安穩而安樂。」(CBETA, N26, no. 8, p. 11, a8 // PTS. Khp. 8)

願我脫離危難和仇敵。

願我脫離內心的痛苦。

願我脫離身體的痛苦。

願我每天生活安樂，無有困擾。[6]

這種練習，能作為一個參照：瞭解其他眾生，皆有著這樣希望自己快樂的心；同樣有著希望免於身、心的痛苦，得到平靜、安寧；希望能夠把身心照顧好，把生活過好的希求。

這樣熟練、熟悉慈心之後，就可以循序漸進，慢慢擴大散發慈心的對象。散發的對象應避免選擇異性。這核心的精神，是先避免容易產生貪愛的對象。此外，也不適合選擇已經過世死亡的人，因為我們並不知道對方已經投生何處，現在到底是什麼生命樣態了。[7] 避開異性、亡者這兩種對象後，依著以下的順序來培育慈心：

* 首先，同樣用以上四個願，轉為祝福與自己同性別，自己所尊敬、敬愛的人。如值得仰慕，有德的師長。或是父母、祖父母等值得尊敬的長輩。

6　法增比丘中譯，《慈愛經釋義》pp.44-45。

7　修習細節，可參《清淨道論．說梵住品》(PTS. Vism. 296-314)

＊　熟練之後，如果希望一步步地繼續擴大散
　　　發慈心的範圍，則可以開始散發給自己親
　　　愛的人。如：和我很好的朋友、兄弟姊妹。

　＊　接著，才散發給中立、中性，沒有特別好
　　　惡的對象。比方說散發給鄰居，同學等等。

　＊　最後，練習散發慈心給我們不喜歡、討厭
　　　的對象。

　　如此培育、熟練地散發慈心，直到最後，無論
是行、住、坐、臥，只要是醒著而非睡眠的時候，
都能生起這份與慈相應的正念。沒有任何障礙、界
線地向一切方位散發。如《慈愛經》中所言：

慈愛遍及全世界，上下地平四維處，
遍滿十方無障礙，無有仇恨或敵意。
無論行住或坐臥，若是心中覺醒時，
應常培育此正念，此乃最高之德行。[8]

　　一位常發慈心的行者，不會對任何眾生起傷
害、不友善的念頭。因此佛陀也曾說，各式傷害眾
生、供祭物品的各種祭祀大會，和培育慈心的功德

8　法增比丘中譯，《慈愛經釋義》pp.14-15。

相比時，是非常微不足道的，就像是星光之於月光般地黯淡。無論前者多麼盛大、耗費再多物資，其功德都無法到達修習慈心的十六分之一。[9]

（二）悲心

悲，是希望一切眾生離苦的心。予樂的慈，與拔苦的悲，兩字經常併用，代表著一體兩面，不同關懷眾生的角度。慈心，像是母親希望孩子能快樂成長；悲心則像是母親面對生病的小孩，見到小孩受到病苦的折磨，就像是自己受苦一樣，想盡辦法希望小孩能夠脫離病痛的心。

1. 悲心對治的煩惱

培養悲心，能夠對治惱害眾生，想傷害眾生的心。面對著眼前正受到病痛折磨的人，我們無法同時希望對方離苦，又生起希望對方受苦的害心。

悲心，將眾生遭遇的苦痛，置於自我利益之前。因此不會透過傷害、侵害他人的方式，來獲得自我的利益。這能讓生命的關注重點，轉往真誠地同理、關注他人的處境的方向。

9　《增支部經典.8 集.第 1 經》(CBETA, N23, no.7, p.1, a10-p.3, a10 // PTS. A.4.150-151)

2. 如何培養悲心

圓滿的悲心，是能關懷一切眾生遭遇的各種粗重、細微的苦。但要一開始就生起這樣的悲心，是很不容易的。若要為培育悲心尋找下手處，則可從眼前正在遭遇痛苦的眾生開始。面對著眼前正受窮困所迫、受病痛折磨的眾生時，悲心是相對容易生起的。我們練習去真實感受對方的苦，並希望對方能脫離苦的處境，乃至隨分隨力，帶出實際幫助眾生的善業。

再者，也可以對造作重大惡業的對象，練習散發悲心。《清淨道論》對此舉了一個例子：在古代的嚴峻刑罰下，有一名盜賊即將被處決，被關進了囚車遊街示眾，準備押送到刑場。過程中，盜賊必須反覆地受到鞭刑，群眾們則會送上食物、花蔓、藥膏等物品給這位盜賊。圍觀的民眾，並不會羨慕這名盜賊可以獲得這些物資享用，只會悲憫這名盜賊，即將前往刑場受到處決。[10]

這個例子，要說明的是：面對著眼前造了重大惡業的眾生，與其生起瞋恚、憤怒，不如試著轉化為培育悲心的對象。明白這造作惡業者，不過也是

10　《清淨道論．說梵住品》 (PTS. Vism. 314-315)

被無明與渴愛所控制，卻必須遭受未來的痛苦。悲心的培育，初步可從這些對象下手，繼續擴大時，也能體察到一切眾生的苦，擴及到一切仍在生死輪迴中浮沈的眾生。

3. 應避免的心態

培育悲心的時候，也有要避免落入的誤區。當體察眾生的苦時，容易陷入過度憂傷，反而被這份憂苦所困，動彈不得。這並不是悲心要帶往的方向。有時內心的憂苦，則帶來瞋恚或想傷害的心，以為必須要為關心的對象「打抱不平」。這也不是悲心要帶往的方向。

修習者應清楚辨認悲心的樣貌，避免與上述這些煩惱混淆。此外，也需要不斷培育智慧，配合後續的捨心，從業果、因緣的角度化解煩惱。

（三）喜心

喜心，是隨喜的心，希望眾生可以保持快樂，不會喪失已經獲得的各種成就，甚至能夠繼續增長。這種歡喜，就像是母親看著已經健康長大的子女，具有各自的成就，而衷心地為子女感到歡喜。

對眾生，可多以喜心來面對。見到眾生當下行持善行，內心得到淨化，自然值得隨喜；而看見眾生獲得世間的成就與快樂，也是可以用喜心面對的。這是因為這些善的果報，也是需要有過去造作的善業，才能成熟的。但當中要特別注意的是，所隨喜的內容，不能是與造作身、口惡業、違背戒律等不善面向相關的。這些不善的行為，長遠帶來的並不是快樂，而是痛苦，因此並不值得隨喜。

1. 喜心對治的煩惱

喜心，能直接對治嫉妒。當心中充滿嫉妒時，只要是看到別人的快樂、成就，自己就感覺到痛苦。這樣的生命，將經常陷入於一種不滿足、不快樂的狀態。為了他人的成就而開心的喜心，和為了他人成就而憂苦的嫉妒煩惱，是無法同時生起的。

順著嫉妒而造作惡業時，能帶來未來世的惡果。如《中阿含經》提到：

> 若有男子、女人內懷嫉妬，彼見他得供養、
> 恭敬，便生嫉妬。若見他有物，欲令我得，
> 彼受此業，作具足已，身壞命終，必至惡
> 處，生地獄中。來生人間，無有威德。[11]

11　《中阿含經 . 第 170 經》(CBETA, T01, no. 26, p. 705, b14-17)

當內心慣於生起嫉妒，不只今生得受到負面情緒的折磨，相關的惡業也能促使來生的生命導向惡趣、地獄。即使投生人間，也只會感得缺乏威德的果報。具體來說，這是指難以得到人們的尊敬、喜愛，因此想要成辦的事情，將難以得到他人的協助。

相反的，善於隨喜他人的成就，調伏內心的嫉妒時，我們也更能分享他人的快樂。甚至願意為了讓眾生能持續享有他的成就與快樂，而付諸實際的行為，給予眾生協助。這樣經常充滿喜心的人，內心經常能感到喜悅、滿足，也能經常對善法充滿嚮往，因此內心的不滿、不快樂也能因此消失。

在未來的果報上，常以喜心對治嫉妒，也能讓後續的生命，更容易得到他人的陪伴與協助，更容易成就想要達成的目標。

2. 如何培養喜心

要直接對一切眾生散發喜心，甚至是對敵人散發喜心，都是不容易的。初步練習時，可以試著從身邊親近、熟悉，我們喜愛的好朋友開始。因為對著這樣的對象，相對是容易生起喜心的。希望這

位對象能常保這份快樂、成就，讓心習慣隨喜，再慢慢擴散喜心散發的對象。逐漸成熟後，便能對中性、中立的人散發喜心，甚至能夠更進一步，來對敵人散發喜心。直到能夠對一切眾生，都能無分別地來散發喜心。

3. 應避免的心態

培育喜心時，要避免因為憶念著這些眾生的快樂或成就，反而讓心變得浮動不安。雖然兩者看似都會帶來喜悅，但真正的喜心，與這種散亂、浮動不安的心，在品質與穩定度上都大不相同。錯誤的隨喜，有時讓心傾向了感官欲樂的方向，有時則陷入一種近似閒談、綺語的散亂狀態。練習時，應審慎辨別兩者的差別，檢視內心是否失去安定，並在混淆時，令心回到正確的方向。

（四）捨心

在四梵住中的捨，意指心能平等、不執取地面對眾生或處境，不因眾生的苦樂而讓自己的心動搖。這種能夠不執取得失的心，背後需要智慧的支持。由於了解了眾生當前的處境、樣貌，終究是由

業果而來，因此能夠在面對眾生的時候，始終保持平衡、接納與平靜。捨心就像是母親面對著已經成年，忙於事業，已經自立謀生的子女。這時，母親將不再對其擔憂，只是靜靜地看著子女過著他們的生活。

捨心代表著極為安定的心，是超然、平衡、平等地觀看的心。這需要緣起和無我的智慧，知道所謂的眾生，並無實質的存在，只是業果的產物。眾生當前的種種遭遇，是由業果促生的。因為有了過去造作的善業與惡業，促使著眾生投生輪迴，有著各種的獲得或失去，感得各類的順境或逆境。究竟來說，眾生的生命都是無我，在一切生滅變化的身心現象當中，無有實際的眾生，僅有業報持續流轉。

1. 捨心對治的煩惱

藉由捨心的培育，可以在極為微細的層面上，除去貪與瞋的煩惱。以平等的智慧，去除了對一切眾生可能有的偏愛與執著，也從根本去除了一切對眾生的不喜愛與敵意。

2. 如何培養捨心

容易培養捨心的對象，是中性、中立的對象，也就是對自己而言，並非有所偏愛或討厭的，既不是特別親近喜愛，也不是敵人的對象。

對著這個對象，思惟：其是業的擁有者、繼承者。必須為善、惡業的果報負責。以此為起點，讓心進入平衡的狀態。後續，則能慢慢轉向友人這一類親近的對象，乃至敵人、一切眾生來擴大培育捨心。

3. 應避免的心態

這樣的捨，並不是對眾生的冷漠。捨必須與無關心、無分別的心區分開來。就像前面提到的母親的例子：看著忙於事業的子女，擁有自己的生活的母親，並不是因此就對子女採取冷漠、漠不關心的態度。

這種冷漠，雖然看起來同樣沒有愛、沒有憎，卻是因為愚癡而產生的無分別。有智慧的捨，能憶念到一切眾生的關係極為密切，並且能令慈、悲、喜的心以更健全、有力量的方式，來給予眾生關懷和協助。無論眾生因此得到助益，或是在協助的結

果未能盡如人意時，捨，始終能夠用來安定內心，不會因此生起煩惱，保持在平衡、安穩的清明當中。

❧ 三、總結

四無量心，能幫助對治煩惱，鬆脫自我中心的慣性，更令眾生的心量不斷地擴大。不只能夠用以關懷身邊親近的人們，更能擴及一切的眾生，幫助擴大心量，也能淨化內心，讓其成為清淨無垢的。

學習佛陀的教導時，除了專注於戒、定、慧的提昇，試著看清、面對並調伏自身的煩惱之外，如何來面對眾生、與眾生相處，同樣是重要的課題。培養四無量心，令其成為生活中的一部分，除了能夠直接對治眾多煩惱，也能讓我們能用更為寬廣、良善的方式去看待眾生，並且轉化與眾生的互動方式。

以四無量心，配合著緣起、無我等智慧的學習，不只能夠擺脫過往自私、傲慢、控制的習氣，更能藉此引生真正無私的慈悲，將一切的修學努力，煩惱的調伏，置於更寬廣的脈絡之下。

　　佛的法教，是能夠帶來和平的，它並不是一個摸不到、看不到的東西。它主要的目的，就是把「我」去除：我的執著去除。這個「我」不去除，你不會變成全部。如果「我」沒有了，全部就都叫做我；有我的時候，只有我的這個地方是我，其他的「你們」都不是「我」。當我執沒有的時候，你們都是我，沒有一個人不是我。所以，生命共同體是從這樣出來的 —— 沒有自己，所以所有的東西才能存在，才能去愛這些東西。

學習體驗

· 試著以自己的話，講述慈、悲、喜、捨四無量心的意義、譬喻、能對治的煩惱、以及應避免混淆的心態。

· 練習依著四種願，練習散發慈心，並記錄內心的體會、感受。